부정직한 링컨의 진짜 얼굴

가면을 벗긴
링컨

Lincoln Unmasked ⓒ 2006 by Thomas J. Dilorenzo
All rights reserved.
Published in the United States by Crown Forum,
an imprint of the Crown Publishing Group,
a division of Random House, Inc., New York.
Korean edition is published by arrangement with
Crown Forum, an imprint of the Crown Publishers,
a division of Random House, Inc. through Eric Yang Agency.

이 책의 한국어판 저작권은 에릭양 에이전시를 통한
저작권자와의 독점계약으로 도서출판 소화에 있습니다.
저작권법에 의해 한국 내에서 보호를 받는 저작물이므로 무단 전재와 무단 복제를 금합니다.

부정직한 링컨의 진짜 얼굴

가면을 벗긴

링컨

토머스 J. 디로렌조 지음 · 임동진 옮김

小花

옮긴이의 말

링컨은 비단 미국에서뿐 아니라 전 세계적으로도 위인전에 오르는 인물의 전형으로 받아들여지고 있다. 개척지에서의 오두막살이, 어린 시절의 고생과 노력, 그럼에도 돋보이는 유머와 여유, 독학 끝의 변호사 자격 획득, 노예해방, 남북전쟁, 그리고 암살이라는 극적인 피날레를 향하는 링컨의 이야기는 읽는 사람 누구에게나 벅찬 감동을 주며 가슴속에 숭배 대상으로 각인된다.

그러나 한편으로는 링컨에 대한 회의적 시각 또한 무시할 수 없는 비중을 지니고 있으며 경청해볼 만한 내용이 있다. 남북전쟁의 진짜 원인이 과연 노예를 해방하기 위한 것이었을까, 아니면 산업화된 북부의 이익을 위한 것이었을까, 노예해방보다 연방의 보전이 더 중요한 이슈는 아니었을까, 그 원인이 무엇이었든 젊은이 60여 만 명을 죽여가면서 4년을 끈 이 전쟁이 과연 꼭 필요했을까, 연방이 해체되더라도 일단 대화로써 연방복귀를 촉구하는 편이 더 낫지 않았을까 등 여러 가지 의문이 제기된다.

유럽의 여러 나라들이 비록 오랜 기간 갈등과 전쟁의 과정을 겪었지만 마침내 오늘날 EU라는 기치 아래 결속해 서로 협조하고 선의의 경쟁을 하듯이, 만약 미국이라는 나라가 남북으로 분리되었거나, 또는 더 나아가서 각 주가 주권국가로 각자의 길을 갔다면 오히려 오늘날 유럽과 같은 모습으로 더 나은 결과를 보여줄 수도 있지 않았을까. 그리하여 일각에서 우려하는 제국주의적 강경노선의 초강대국이라는 비난은 면할 수 있지 않았을까 하는 의문도 제기된다.

남북전쟁 이전의 미국은 연방을 구성하는 각 주의 개성과 독립성이 상당히 존중되고 있었다. 심지어 연방대법원의 판결도 무시되기 일쑤였다. 오늘날 미국 연방대법원이 헌법과 법률상의 모든 분쟁을 최종적으로 결론 내리며 각 주와 국민이 이를 존중해야 한다는 전통도 실은 남북전쟁 이전에는 확립되어 있지 않았다는 이야기를 알게 되면 연방에 대한 우리의 고정관념은 상당히 흔들리게 된다.

그러나 이런 의문은 만약 그랬더라면 히틀러의 제2차 세계대전은 과연 어떻게 전개되었을까, 소비에트 공산주의의 확장을 견뎌낼 수 있었을까 하는 의문들로 이어지며 우리를 혼돈에 빠뜨린다. 현대의 시각에서 보면 미국의 각 주가 건국 200년이 지난 오늘날에도 여전히 각 주 나름의 개성과 특성을 지니면서 국가로서의 주권을 유지해야만 할 필요나 가치가 있을지도 의문이다. 연방에게 통일되고 단일화된 국가로서의 지위를 인정하지 않는 한 혼란이 뒤따를지도 모른다.

결론적으로 링컨에 대한 무조건적인 찬양이나 전면적인 비난은 타당성을 인정받기 어려울 듯하다. 어떤 관점이나 기준에 입각하느냐에 따라 긍정과 부정이 엇갈릴 수 있다. 거시와 미시, 21세기와 19세기, 전체와 부분을 놓고 보는 시각적 차이는 링컨과 미국의 역사에 관한 새로운 안목을 제시해줌은 물론 우리가 당면한 남북 관계의 설정에도 참고가 될 수 있다.

이 책을 옮김에 있어서는 옮긴이의 며느리 박소영이 1부 및 2부를 초벌 번역했음을 밝힌다. 3부의 초벌 번역과 책 전체에 대한 여러 번에 걸친 수정 및 마무리 작업은 물론 옮긴이가 직접 한 것이며, 번역에 대한 최종 책임 또한 옮긴이에게 있다. 번거로운 입력 작업을 맡아준 김주희 과장과 이 책의 출간을 흔쾌히 맡아준 소화출판사에 감사를 표한다.

2008년 10월
임동진

차례

옮긴이의 말 … 5

1장_ 링컨의 수문장들에게 도전한다 … 11

Part 1 감추어진 진실 – 링컨과 남북전쟁

2장_ 링컨의 신화를 벗기다 … 24

3장_ 가짜투성이의 링컨 어록 … 34

4장_ 양키가 도덕적으로 우월하다는 잘못된 신화 … 41

5장_ 링컨의 라이베리아 커넥션 … 53

6장_ 링컨을 혐오한 노예폐지론자 … 57

7장_ 주권州權의 진실 … 67

8장_ 유명무실한 헌법 … 77

9장_ 링컨의 진짜 거짓말 … 95

10장_ 링컨의 엄청난 범죄—연방대법원장에 대한 체포영장 … 102

Part 2 새로운 진실 – 링컨과 경제문제

11장_ 공화당의 기원 … 110

12장_ 링컨은 철도회사의 로비스트였다 … 119

13장_ 링컨은 보호무역주의자였다 … 128

14장_ 링컨은 통화팽창주의자였다 … 142

Part 3 날조된 진실 – 링컨 숭배자들의 권모술수

15장_ 대포밥 만들어내기 … 156

16장_ 링컨식의 전체주의자들 … 163

17장_ 전지전능한 링컨식 국가에 충성을 맹세하기 … 171

18장_ 전쟁반대론자의 투옥에 대한 링컨 숭배자들의 변명 … 177

19장_ 링컨 숭배주의자들에게 대항하기 … 187

1장
링컨의 수문장들에게 도전한다

1981년 레이건 대통령이 댈러스 대학교의 멜 브래드퍼드Mel Bradford 교수를 국립인문학재단National Endowment for the Humanities의 수장으로 지명했을 때, 정부에 영향력을 지닌 지식인 집단은 그에 반대하는 격렬한 운동을 펼쳤다. 그들의 주된 불만은 "그는 반反링컨주의자이다"라는 것이었다. 수사학에 관한 전문가인 브래드퍼드 교수는 동료집단이 열독하는 학술지에 실리는 논문들에서 링컨의 기만적 정치언어에 대해 감히 비판을 해왔던 것이다. 브래드퍼드 교수의 반대자들은 이를 명백히 불경스러운 것으로 간주하고, 그를 반대하는 악의적이며 정치성 짙은 캠페인을 벌였다. 그들은 심지어 비열하게도 그가 히틀러 숭배자라는 거짓 루머를 퍼뜨리기조차 했다. 결국 넌덜머리가 난 브래드퍼드 교수(1993년 작고)는 그 자리를 포기했다. 그의 반대자들이 승리를 거둔 것이었다. 에이브러햄 링컨에 대한 통속적인 관점에 대해서는 어떠한 도전도 용납되지 않는 것이다.

브래드퍼드 사건이 있은 이후로도 학문의 세계에서는 아무것도 달라지지 않았다. 필자도 공식화된 진실에 의문을 던져보려는 시도를 한 다른 많은 사람들과 마찬가지로 유사한 비난과 욕설을 받아왔다. 링컨은 성자로 그려져왔으며, 그의 옹호자들은 너무도 독실한 나머지 스스로 진리의 수문장으로 자처하고 있다. 그들은 링컨에 대한 노골적인 정보를 대중으로부터 차단하기 위해 필요하다면 무슨 일이든 마다하지 않는 사람들이다. 만약 어떤 사람이 감히 용기를 내어 진실을 언급하면 저들은 즉각 그 이야기를 왜곡해 독자를 오도하고 잘못된 정보를 제공하며 혼란에 빠뜨리려 한다. 여기서 의문이 생긴다. 도대체 이런 기만과 그릇된 정보로써 뭘 하겠다는 것일까? 링컨이 정말 성자였다면, 그에 대한 기록 자체로도 충분히 증명이 되지 않겠는가?

이렇게 링컨의 수문장임을 자처하고 나선 자들을 필자는 링컨 숭배주의자들이라고 부른다. 이들은 대부분 학자들이고, 19세기 후반에 뉴잉글랜드 성직자들(그리고 공화당)에서 출발해 에이브러햄 링컨의 신격화에 자기들의 일생을 바친 사람들이다. 일반적으로 이들은 링컨이 인신보호영장writ of habeas corpus*제도를 정지시키고, 남북전쟁** 당시 북부의 정적 수만 명을 투옥했으며, 자신을 반대하는 수백 개의 신문을 폐쇄하고, 남부의 도시에 대한 포격과 민간인에 대한 살상에 일일이 관여했으며, 연방정부가 남부의 노예제도에 간섭하지 못하도록 헌법조항을 수정할 것을 공언했고, 평생에 걸쳐 백인지상주의자였다는 점 등 링컨에 대한 불편한 사실들은 애써 무시한다.

* 우리의 현행 '구속적부심제'에 해당하므로 "구속적부심제"라고 번역하는 사례가 있으며, 그것이 "인신보호영장제도"보다는 현대적 용어로서 타당해 보인다. 다만, 여기서는 종전의 번역례에 따른다.
** 이 책의 저자는 우리가 흔히 "남북전쟁"이라고 번역하는 "Civil War"(내전)라는 용어 대신에 굳이 '주들 간의 전쟁' 내지 "링컨의 전쟁", '남부에 대한 전쟁'이라는 용어를 고집하고 있다. 이 책에서는 때에 따라 독자의 편의를 위해 "남북전쟁"으로 번역하는 경우도 있다.

만약 이들이 이런 사실을 조금이라도 언급하는 경우가 있다면, 그것은 그에 대해 장황하게 변명을 하거나, 이를 언급하는 글을 쓴 사람을 비난하기 위해서일 뿐이다.

링컨 숭배자들은 링컨과 남북전쟁에 대해 조사·연구하는, 즉 역사적인 진실을 탐구하는 일에는 별로 관심이 없다. 단지 그들은 "아버지 에이브러햄Father Abraham"이라고 불리는 한 남자의 과장되고 거짓된 이미지를 계속 유지하고, 그를 예수나 모세와 같은 반열에 올리는 일에만 관심이 있을 뿐이다.

> 웹스터의 사전Webster's College Dictionary에 따르면 컬트cult는 "어떤 사람, 이상, 유행 등에 전념하거나 이를 숭배하는 사람" 또는 "거짓되거나 비정통적이거나 극단주의적인 종교나 그 분파"를 의미한다.

이에 반해 다른 학자들은 산적한 이슈에 대해 날마다 활발한 논쟁과 토론을 벌이는 데 주력하고 있다. 학문의 자유란 바로 이런 것을 두고 말하는 것이다. 그러나 링컨의 신봉자들은 링컨이라는 주제에 관해서만큼은 그런 토론을 하도록 내버려두지 않는다. 제퍼슨, 잭슨, 윌슨, 시어도어 루스벨트, 프랭클린 루스벨트, 트루먼, 레이건, 클린턴 등 다른 모든 대통령들에 대하여는 그들이 남긴 업적과 유산legacy에 대해서 격렬한 논쟁을 벌여왔다. 그러나 링컨에 관한 한 그런 토론은 용납되지 않는다. 여기서 한 가지 궁금증이 생긴다. 링컨의 신봉자들은 도대체 무엇을 두려워하는 것일까?

이른바 '링컨 학자'들의 확고한 비학문적 태도는 주로 학문적 이기심에서 비롯된 것이다. 학자 출신의 신봉자들은 학자라는 직업을 통해 후한 보수를 받으며, 마찬가지로 정부나 재단으로부터도 많은 보조를 받는다. 그들은 여기저기서 강의 및 강연으로 경제적 풍요를 얻고, 대학과 재단의 기금에서 장학금조로 때로는 수만 달러에 달하는 "링컨 상Lincoln Awards"을 서로 주고받는다. 그들이 취하는 견해에 대한 도전은 미국 역사에 대한 공식적인 견해에 대한 도전이 될 뿐 아니라 그들의 허장성세의 학문적 명성과 은행잔고에 대한 도전으로 간주된다.

수많은 링컨 숭배자들은 그것이 자신의 개인적인 신조이자 정치적인 강령에 합치하기 때문이라는 이유로 그렇게 행동한다. 좌파에 속하는 링컨 숭배자는 주류 자유주의자들에서부터 사회민주주의자들을 포함하며, 더 나아가 소련의 해체를 애도했던 컬럼비아 대학교의 에릭 포너Eric Foner 교수 같은 강경좌파에 이르기까지 넓은 범위에 걸쳐 분포되어 있다(1991년 『더 네이션The Nation』의 기사에서 포너는 만약 링컨이었다면, 미하일 고르바초프와는 달리 구소비에트연방 소속의 공화국들이 소비에트연방으로부터 평화롭게 이탈하도록 순순히 좌시하지는 않았을 것이라고 역설한 바 있다). 그들은 복지정책을 확대하고 경제를 규제하며 사회주의를 채택할 수 있는, 보다 강력하고 보다 중앙집권적인, 즉 독점적인 정부 형태를 원한다는 점에서 링컨과 마찬가지로 국가주의자nationalist*에 속한다.

해리 자파Harry Jaffa와 그의 수많은 동료 "스트라우스주의자들strausssian"(작고한 시카고 대학교의 리오 스트라우스Leo Strauss를 추종하는 자들) 같은 우파 링컨 숭배자들 역시 링컨과 마찬가지로 국가주의자들이다. 이는 그들이 보다 강력하고 중앙집권적인 형태를 취하는 정부가, 보다 공격적이고 제국주의적인 대외정책을 추구하는 자기들의 정치적 신조에 이바지할 것이라고 믿고 있기 때문이다. 실제로 2002년 캘리포니아의 오클랜드독립연구소 후원으로 열린 필자와 자파 간의 토론에서, 자파는 9 · 11 사태는 "그 어느 때

* "국수주의"와는 뉘앙스가 다르며, 권력을 연방에 집중시키고 주의 권한을 최소한으로 해 강력한 중앙집권적 정부가 단일화되고 통합된 국가를 구현할 것을 선호하는 사상. 뒤에서 보는 "연방주의federalism"에 대치되는 개념이다.

보다도 우리가 강력한 중앙정부를 필요로 함"을 증명하는 사건이라고 주장했다. 링컨이 남긴 유산에 대해 토론하는 마당에서 그가 이런 주장을 한 것은 결코 우연의 일치가 아니었다.

이렇게 모든 링컨 숭배자들에게 공통된 점은 그들이 링컨 신화를 어떠한 이유로든 더 거대하고 더 중앙집권적이며 더 간섭적인 중앙정부를 옹호하는 수단으로 사용하고 있다는 것이다.

그러나 링컨을 지켜오던 "문짝"은 이제 녹슬기 시작함으로써 자기들의 사상이 도전받는 일에는 전혀 익숙하지 않은 신봉주의자들을 공황 상태로 몰아넣고 있다. 최근 찰스 애덤스Charles Adams는 『인간만사의 과정: 남부의 연방 이탈을 옹호하는 변론When in the Course of Human Events: Arguing the Case for Southern Secession』을 출간해 많은 판매부수를 기록하고 있으며, 필자의 책 『링컨의 진짜 모습The Real Lincoln』도 마찬가지이다. 제프리 허멜Jeffrey Hummel의 『노예의 해방과 자유인의 예속Emancipating Slaves, Enslaving Free Men』 또한 링컨 숭배자들에게는 충격적이고도 강력한 도전이 되고 있으며, 존 레밍턴 그레이엄John Remington Graham의 『연방 탈퇴의 헌법적 역사A Constitutional History of Secession』 또한 그러하다. 클라이드 윌슨Clyde Wilson 교수의 『연방으로부터 제국으로From Union to Empire』에는 링컨 숭배자들의 지적 자산이라고 할 수 있는 미신과 절반의 진실에 도전하는 뛰어난 에세이들이 많이 수록되어 있다. 클래런스 대로Clarence Darrow의 법률사무소 동업자인 에드거 리 매스터스Edgar Lee Masters가 쓴 1930년대의 고전 『인간 링컨Lincoln the Man』은 최근 미국교육재단에 의해 재출간되었다(이 책은 20세기 초반에 출판된 책 중 링컨에 대한 가장 비판적인 기록이다). 제임스 케네디와 월터 케네디James and Walter Kennedy의 『남부가 옳았다!The South Was Right!』는 저자들에 따르면 10만 부 이상 판매되었다. 데이비드 고든David Gordon이 편집하고 트랜잭션 출판사가 출간한

『연방 탈퇴, 주, 그리고 자유Secession, State, and Liberty』에는 자유사회의 구성원이 가지는 탈퇴권right of secession을 옹호하는 내용을 담은 학자 12명의 에세이가 실려 있다. 그들 대부분은 링컨이 연방탈퇴권을 부정하기 위해 역사상 가장 유혈적인 전쟁을 벌인 것을 격렬하게 비난하고 있다. 그리고 토머스 우드Thomas Wood가 쓴 『뉴욕 타임스』 베스트셀러 『미국 역사에 관한 정치적으로 부정확한 안내서The Politically Incorrect Guide to American History』는 앞에서 여러 저자에 의해 언급된 "1861년에 각 주는 연방을 탈퇴할 권리를 가지고 있었다", "남북전쟁은 노예를 해방시키기 위한 것이 아니었다", 그리고 "링컨은 백인이 우월하다고 믿었으며 해방된 노예를 국외로 추방하는 방안을 선호했다"는 결론에 도달하고 있다며 이들을 인용하고 있다.

게다가 최근에 등장한 인터넷은 학자들이 링컨의 수문장들로부터 어떤 검열도 받지 않고 전 세계를 상대로 자신의 사상을 자유로이 개진할 수 있게 한다는 측면에서 더욱 중요한 역할을 하고 있다.

이 책은 링컨 신봉자들을 매우 불편하게 만드는 또 하나의 책이다. 왜냐하면 이 책은 링컨 숭배자들이 지금까지 깊숙이 숨겨왔던 미국의 제16대 대통령에 대한 중요한 구체적 사실들을 폭로하고 있기 때문이다. 『링컨의 진짜 모습The Real Lincoln』의 출간 이후에도 필자는 링컨이 남긴 유산에 대해 지속적으로 관심을 가졌기 때문에 이 책을 쓸 수 있었다. 먼젓번 책을 쓴 이후 몇 년 간 필자는 계속해서 자료를 조사함으로써 링컨에 대해 완전히 새로운 주제와 새로운 관점을 발견해낼 수 있게 되었으며, 그것들은 이 책에서 처음으로 거론될 것이다.

이 책은 3부로 나뉘어 있다. 1부는 "감추어진 진실: 링컨과 남북전쟁", 2부는 "새로운 진실: 링컨과 경제문제", 그리고 3부는 "날조된 진실: 링컨 숭배자들의 권모술수"이다. 2장부터 10장까지로 구성된 1부에서는 링컨 신봉자들의 필사적인 은폐공작 탓에 대부분의 미국인이 전혀 모르고 지내온 몇 가지 역사적으로 중요한 문제들을 파헤친다.

2장은 제16대 대통령에 대한 가장 근본적인 오해에서 비롯된 "링컨 신화"에 관해 살펴본다.

3장은 우리에게 친숙한 "링컨의 어록"들이 사실은 대부분 조작임을 밝히고 있다. 링컨은 그런 말들을 한 적이 없었다. 학문의 탐구자들은 링컨 숭배자들이 숨기고 싶어하는 진실을 폭로해냈다. 요점은 링컨에 관한 기록의 상당 부분이 역사에서 일부러 삭제되었을 뿐 아니라 어떤 부분은 조작되기까지 했다는 것이다.

4장과 5장은 역사가들이 남북전쟁 이전의 역사를 의도적으로 조작, 재구성해 북부는 자비롭고 순진무구했던 양, 남부는 사악했던 양으로 얼마나 거짓되게 묘사하고 있는지를 보여주고 있다. 전쟁의 승자는 역사를 자기 멋대로 쓰는 경향이 있지만 학자들은 마침내 뒤늦게라도 이런 조작을 바로잡고 있다. 4장은 브라운 대학교의 사학자 조앤 포프 멜리시Joanne Pope Melish의 업적에서 일부 도움을 받아 북부에서 어떻게 거의 200년 동안이나 노예제도가 존재할 수 있었으며 1850년대 후반에 와서야 폐지되었는지를 상술하고 있다. 이렇게 19세기의 "양키"들은 그들이 주장하는 것만큼 도덕적으로 우월한 존재가 결코 아니었다. 그리고 5장에서 밝히고 있듯이, 링컨 그 자신도 성년이 된 이후의 전 생애에 걸쳐서 흑인들을 아프리카, 아이티, 중앙아메리카 및 남아메리카 등지로 추방(링컨은 실제로 이런 표현을 사용했다)하는 방안을 옹호해왔다. 실제로도 그는 한 무리의 해방된 흑인들을 백악관으로 불러서 그들에게 "솔선해" 미국을 떠나 라이베리아로 갈 것을 독려하기도 했다.

링컨과 그의 전쟁에 반발했던 북부의 반대파는 대부분의 미국인들이 알고 있는 것보다 훨씬 더 많았다. 6장에서는 유명한 매사추세츠의 노예폐지론자

리샌더 스푸너Lysander Spooner가 링컨과 그 행정부에게 퍼부은 독설에 대해 기술한다. 뉴잉글랜드의 노예폐지론자들 중 가장 저명하고 적극적이었던 스푸너는, 북부가 전쟁을 벌인 것은 북부의 기업가들의 이익을 위해 정치권력을 강화하기 위해서였다고 믿었다. 그는 전쟁이 끝난 지 몇 년 후에조차도 노예제에 관한 시비는 단지 정치적인 연막장치로 이용되었을 뿐이라고 믿었다.

미국인들은 여러 세대에 걸쳐서 각 주의 권리와 연방제도에 대해 잘못된 교육을 받아왔다. 그리하여 주의 권리를 앞세우는 것은 단지 노예제도를 위한 변명일 뿐이었다는 잘못된 이야기를 들어왔다. 7장에서 알 수 있듯이, 진실은 토머스 제퍼슨Thomas Jefferson과 제임스 매디슨James Madison이 주의 권리에 관해 선두에 서서 주창했을 때, 거기에는 노예제도를 옹호하려는 아무런 복선이 깔려 있지 않았다는 사실이다. 더욱이 주권州權 우선의 원칙은 1865년까지 남부와 북부의 모든 주의 시민들에 의해 채택되었던 것이다. 사실 일부 북부의 주들은 전쟁이 일어나기 여러 해 전부터 연방정부의 도망노예법Fugitive Slave Act*을 "무효화"시키기 위해 이 원칙을 들먹거리기도 했던 것이다.

8장은 전쟁의 가장 부정적인 결과 중 하나인 주권州權의 소멸과, 특히 건국의 아버지들에 의한 주권主權의 분점divided sovereignty** 개념의 종말에 대해서도 폭로한다. 이 사상은 주로 제임스 매디슨과 관계가 있는데, 연방정부는 스스로의 권력의 범위와 한계를 정하는 결정권자가 되지 못한다는 내용이다. 원래의 헌법상으로는 자유롭고 독립된 주의 시민이 주권자로서 그러한 역할을 담당해야 했다. 이 사상은 1865년 이후로는 연방대법원이 연방정부의

---

* 남부의 노예가 북부로 도망할 경우 북부는 이를 붙잡아 남부에 넘겨줄 의무를 지도록 한 연방법률.
** 연방정부와 주 사이에서 주권이 분점되어야 한다는 주장.

권력의 한계가 어디까지인지를 판단하게 됨*으로써 끝장을 보았다. 사정이 이러한 만큼 건국의 아버지들이 경고한 대로 연방정부가 자기의 권력에는 본질적으로 한계가 전혀 없다고 결정했더라도 놀랄 일이 아니다. 20세기를 통틀어 전 세계에서 최악의 폭군들은 주의 권리와 주권의 분점사상을 공격하고 강력한 정부 또는 중앙집권적 정부를 옹호해왔던 것이다.

9장에서는 링컨이 각 주의 시민은 주권자가 아니며 헌법은 한 국가의 "전체 인민"에 의해 채택된 것이라는 역사에 거역하는 주장을 통해 미국 정부의 변화를 이끌어낸 과정을 설명한다. 사실 "전체 인민"은 헌법의 채택과는 아무 관련이 없다.

10장은 미합중국의 연방대법원장 로저 토니Roger B. Taney가 인신보호영장 제도를 정지시킨 것은 불법이라는 의견을 내놓아 링컨과 대립했을 때 링컨이 그에 대한 체포영장을 발부시킨 사연을 들려준다. 종래 링컨 숭배자들은 이 이야기의 진실성을 다투어왔지만, 10장에서는 그 이야기가 진실임을 입증하는 몇 가지 새로운 자료들을 제시한다. 링컨은 재임기간 중 연방판사들을 위협함으로써—이는 비단 토니에 대해서만이 아니었다—권력분립의 원칙을 본질적으로 파괴했던 것이다.

링컨 숭배자들을 히스테리로 몰고 갈 정도는 아닐지라도 적어도 동요시키는 것이 있다면, 그것은 에이브러햄 링컨이 사실상 전 세계 역사상의 다른 모든 정치가들과 마찬가지로 부와 권력의 축적에 지대한 관심을 갖고 있었음을 암시하는 경우이다. 실제로 그가 그러했다는 사실은 이 책의 2부에서 증명되고 있다. 성년 이후의 링컨은 나중에 공화당원으로 변신하기 이전 대

---

* 1865년 이전까지만 해도 주들은 연방대법원의 판결을 무시하는 경우가 잦았지만 1865년 남북전쟁이 연방의 승리로 끝나면서부터는 상황이 달라진 것이다.

부분의 기간을 미국의 부자 엘리트 정당인 휘그당의 당원으로 일관했다. 그는 돈 많은 사실심 변호사trial lawyer*였으며, 부유하고 노예를 소유한 켄터키 주의 토드Todd 가문 여자와 결혼했다. 저명한 철도 변호사로서 그는 북부의 거대한 사업가들의 집단 내에서 유능한 정치꾼이었다.

링컨 숭배자들은 링컨과 공화당의 경제정책의 실상을 효과적으로 은폐해왔다. 11장에서는 링컨의 공화당이 어떻게 중앙정부의 권력을 악용해 국민의 혈세를 후원기업들에게 특혜를 주는 데 사용했는지를 설명한다. 12장에서 거론되는 바와 같이, 링컨은 요즘으로 치면 철도회사를 위해 일하는 "로비스트"였다. 13장에서 알 수 있듯이, 그는 정치인생 전반에 걸쳐 보호관세를 지지한 열렬한 "보호무역주의자"였으며, 14장에서 증명된 것처럼 연방은행이 금이나 은으로 태환할 필요가 없는 지폐를 찍어내는 것을 선호한 "통화팽창론자"였다. 휘그당과 공화당 모두 "사회기반시설"을 위한 프로젝트와 관련된 기업들에게 보조금을 주기 위해 높은 관세를 매기고 지폐를 찍어내는 것을 지지했던 것이다.

3부 "링컨 숭배자들의 권모술수"는 링컨 숭배자들이 어떻게 링컨이 남긴 유산을 오늘날의 세계에, 전체주의는 아닐망정 적어도 제국주의적 정책을 추진하기 위해 악용하고 있는지를 이야기한다. 고어 비달Gore Vidal의 표현을 빌리자면, "영원한 평화를 위해 영원한 전쟁"을 수행하겠다는 미 제국주의의 옹호자들은 15장에 보는 바와 같이 링컨이 남긴 유산을 미국의 청소년들에게 그런 모험에 참여할 것을 독려하는 데에 사용하려고 한다. 16장은 오늘날 시민의 자유를 거스르는 적들이, 링컨이 그 통치기간 동안 북부에서 시민의 자

---

* 제1심에서 판사나 배심원 앞에서 법정 변론에 주력하는 변호사를 지칭한다. "법정변호사"라고도 번역된다. 링컨이 사실심사건을 많이 맡았던 것은 사실이지만 일리노이 주 대법원에서의 상소심사건의 비중도 결코 무시할 수 없다.

유를 억압한 사례를 자신들의 모델로 삼고 있음을 보여준다.

국기에 대한 충성맹세조차도 자기 나라에 대한 애국심의 표현이라기보다는 남북전쟁의 결과로서 강화된 중앙집권 국가에 대한 다소간의 맹목적인 복종의 표시라고 할 수 있다. 대부분의 미국인들은 이 충성맹세가 1892년 자칭 사회주의자 프랜시스 벨러미Francis Bellamy에 의해 학생들에게 거대정부의 이데올로기를 주입시키기 위한 방편으로 만들어진 것이라는 내용을 17장에서 읽으면 놀랄 것이다. 건국의 아버지들이라면 아마 그런 일에 아연실색해 다시 한 번 혁명이라도 일으켰을 것이다.

링컨 숭배자들은 링컨이 1863년 추방된 오하이오 주 출신 하원의원 클레멘트 벌랜디검Clement L. Vallandigham과 같은 의회의 정적들을 투옥한 기록조차 오늘날에도 그런 관행이 용인될 수 있다는 증거로 이용하려고 한다. 이 야비한 이야기는 18장에 나온다.

19장이자 마지막 장에서는 링컨 숭배자들이 내세워온 미국 역사에 대한 공식적인 견해에 감히 도전했던 저명한 작가들의 최근 저서를 개관하고 있다. 『뉴욕 타임스』 논설위원인 스티븐 와이스먼Steven R. Weisman, 버지니아 대학교의 역사학자 마이클 홀트Michael F. Holt와 전임 해군장관이자 소설가인 제임스 웨브James Webb 등이 여기에 해당한다.

마침내 링컨의 신봉자들은 영향력을 잃고 있는 것일까? 그러기를 바랄 뿐이다.

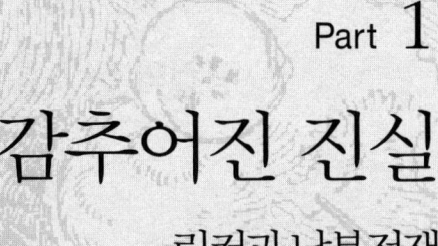

Part 1

감추어진 진실

— 링컨과 남북전쟁

2장

링컨의 신화를 벗기다

『링컨, 남부, 그리고 노예제도 Lincoln, the South, and Slavery』라는 책에서 역사학자 로버트 조핸슨Robert W. Johannsen은 에이브러햄 링컨에 대한 연구를 시작하는 사람이라면 누구나 "링컨 신화에 친숙해져야 한다. 링컨을 에워싸고 있는 신화의 껍질을 뚫으려는 노력은…만만찮고 겁나는 일"이라고 토로한 바 있다.

실제로 그렇다. 이 일이 그토록 어려운 이유는 어느 전쟁에서나 마찬가지로 역사를 쓰는 것은 승자이기 때문이다. 남북전쟁도 예외는 아니다. 승리를 거두어 의기양양해진 연방정부는 역대 "궁정사학자court historian"들이 남북전쟁의 역사, 그중에서도 특히 미국의 비극적 서사시에서 주인공 역할을 맡은 에이브러햄 링컨 같은 인물들에 대해서 역사를 다시 쓰는 것을 보아야만 직성이 풀렸다. 이는 부분적으로 전쟁 이후 연방정부가 교육 분야에 점점 더 많은 영향력을 행사하면서 스스로를 과대포장하는 데 줄곧 공공교육을 이용했기 때문이다. 그러나 인내를 가지고 탐구하는 사람이라면 누구나 진실을 알아낼 수 있다. 비록 궁정사학자들이 수많은 변명, 자기합리화, "조작"의 홍수 속에 진실을 파묻어왔음에도 불구하고 실제로 그들이 기록한 많은 책과 논문에서 오히려 진실이 발견되기도 한다. 잘 알려진 신화 몇 가지를 살펴보도록 하자.

신화 1: "링컨은 노예를 해방시키기 위해 남부를 공격했다." 이는 표현을 바꾸자면 노예제도가 전쟁의 유일한 원인이었다는 것이며, 최근까지 링컨 신봉자들이 외우던 주문이었다. 그러나 링컨은 결코 그렇게 말한 적이 없었으며 그렇게 생각하지도 않았다는 점에서 문제가 된다. 또 링컨 정부의 그 누구도, 또 북부의 주들에서 어느 누구도 그런 말을 한 적이 없다. 1860년에 링컨에게 표를 던진 그 어느 누구도 새로운 대통령이 수십만 명의 목숨을 희생시키고 수십억 달러의 막대한 자금을 소모하는 전쟁에서 노예를 해방시키기 위해 남부로 진격 명령을 내릴 것으로 기대해 그에게 표를 주었을 가능성은 거의 없다.

링컨이 대통령으로 취임하기 이틀 전인 1861년 3월 2일, 연방상원은 다음과 같은 헌법수정안을 통과*시켰다. "연방헌법은 각 주 차원의 내부적 제도를 폐지 또는 간섭할 권한을 연방의회에 부여하는 쪽으로 수정될 수 없으며, 여기에는 각 주의 법률에 의거해 노동 또는 노역에 종사하도록 강제되는 사람들에 대한 제도도 포함된다." 연방하원은 이 수정안을 그 직전인 1861년 2월 28일에 통과시켰다. "내부적 제도"란 노예제도를 뜻하는 것이었다.

> 링컨은 헌법이 노예제도를 "취소 불가능"한 것으로 만들어 놓기를 원했다.

* 이 헌법수정안은 전체 주의 4분의 3 이상의 비준절차를 밟지 못해 수정헌법으로 발효되지 못했다.

이틀 후 첫 임기 취임연설에서 링컨은 남부의 노예제도에 간섭할 의도가 전혀 없음을 여러 번에 걸쳐 약속했고, 만약 간섭한다면 그것은 헌법위반이 될 것이라고까지 말했다. 또한 그는 세상을 향해 "그런 조항(노예제도의 적법성)을 묵시적 헌법으로 생각하고 있기 때문에 본인은 이것이 명문화되고 취소불가능하게 되는 것에 전혀 이의가 없습니다"라고까지 말해 이 수정안에 대한 지지를 확약했다.

따라서 취임식 날 링컨은 남부의 노예들이 자연권으로서 천부의 생명권, 자유권, 재산권을 타고났다는 식의 옹호나 지지발언을 하지 않았다. 그와는 정반대였다. 그는 남부의 노예소유주들이 노예들에게서 그런 권리를 박탈할 수 있는 '권리'를 지지했다. 링컨은 남부의 주들이 연방 소속으로 남고 계속해서 연방의 세금을 납부하는 한, 자신의 사후에라도 오래오래 남부의 노예제도가 존속하는 것을 전적으로 용인할 용의가 있었던 것이다.

링컨은 기회 있을 때마다 전쟁의 진짜 원인과 목적을 명확히 언급하곤 했는데, 여기에는 신문의 편집인인 호러스 그릴리Horace Greeley*에게 보낸 그 유명한 1862년 8월 22일자 편지도 포함된다. 여기에서 그는 "이 투쟁에서 최고의 목표는 연방을 수호하는 일이며 노예제도를 지키거나 파괴하는 데 있지 않다"고 썼다. 그의 목표는 연방 이탈의 움직임을 무력으로 분쇄시키는 일, 그 이하도 이상도 아니었다.

연방의회는 전쟁의 목적은 "각 주의 권리나 기성제도, 바로 노예제도에 간섭"하기 위함이 아니라 "각 주의 권리를 훼손하지 않으면서 동시에 연방을 보전"하기 위함에 있다는 데 의견을 모으고, 이를 1861년 7월 22일 전 세계

---

* 링컨 당시 미국에서 가장 영향력 있는 신문이던 「뉴욕 트리뷴New York Tribune」지의 발행인이자 공화당 소속의 정치인(1811~1872).

를 상대로 선언했다. 이렇게 링컨과 연방의회, 양자에 의하면 주의 권리를 둘러싼 갈등이 전쟁의 유일한 이유였다. 남부의 주들은 애초의 연방 가입이 자발적인 것이었고 정부의 권력은 그 피치자의 동의에서 나오는 것이므로 각 주는 연방을 이탈할 권리를 보유한다고 믿었다. 링컨은 이에 동의하지 않았으며 자신이 옳음을 "입증"하기 위해 기꺼이 전면전을 벌일 각오가 되어 있었다. 오늘날 대부분의 링컨 신봉자들은 각 주의 권리라는 것은 실제로는 겉모양 갖추기에 불과하다고 말할 것이다. 아니면 그들은 불만을 품은 전 남부연맹 소속원들이 전쟁 이후에 지어낸 구실에 불과하다며 거짓말을 퍼뜨릴 것이다. 어떤 식이든 그들은 진실된 역사를 왜곡하고, 심지어 자기들의 상전인 링컨에게조차 대적하고 있는 셈이다.

신화 2: "링컨이 연방을 구원했다." 실제로 링컨은 다른 그 어느 누구보다도 건국의 아버지들에 의해 자발적으로 형성된 연방을 파괴하는 데 큰 역할을 했다. 모든 건국 당시의 문서들—즉 연합헌장 Articles of Confederation*, 독립선언문, 영국과의 조약, 연방헌법—에서는 각 주가 "자유롭고 독립적"이라고 언급하고 있다. 즉, 각 주는 그들 자신의 대행 역할을 하도록 만들어낸 연방정부는 물론 그 밖의 다른 주들로부터 자유롭고 독립적인 존재라고 건국의 아버지들은 해석한 것이었다.

각 주는 엄격하게 정의되고 제한적으로 열거된 특정 권력에 한해 연방정부에 위임하면서 주의 주권主權만큼은 자신에게 유보해두었던 것이다. 연방헌법은 주들 간의 자발적인 연합에 의해 제정되었고, 그 주들 중에서 3개 주,

---

* 대륙의회가 1777년 11월 채택해 1781년 발효한 13개 주 간의 느슨한 결합을 위한 약속으로 1789년 조지 워싱턴이 미합중국 대통령에 취임함으로써 소멸하고 연방헌법으로 넘어갔다.

즉 뉴욕, 로드아일랜드, 버지니아는 연방정부가 그들의 자유를 훼손할 경우 헌법제정협약에서 탈퇴할 수 있는 권리를 명시적으로 유보해두었다. 헌법 아래에서는 각 주가 대등한 권리를 가지며 어떤 주도 다른 어느 주보다 더 많은 권리를 가질 수 없었기 때문에 이런 유보 조건이 다른 모든 주에 의해 받아들여졌다는 사실은 연방 이탈의 권리가 당연히 모든 주의 권리로서 받아들여졌음을 의미한다. 각 주의 시민들은 연방헌법의 제정에 의해 "새로운 국가"를 만들어낸 것이 아니라 단지 주 간의 협약 내지 연합을 만들어낸 것에 불과했던 것이다.

이러한 관점은 1860년 당시 논란의 대상이 되지 않았다. 1860년 11월 13일 『뱅고어 데일리 유니언Bangor Daily Union』지에 "연방은 각 주의 주권자인 시민들의 자유로운 동의와 의지에 그 존속의 여부가 달려 있으며, 그런 동의나 의지가 철회되면 연방은 소멸한다"는 내용의 사설이 실리자 북부 전역의 신문들은 이에 호응했던 것이다.

> 건국의 아버지들이 만들어낸 자발적 연합은 1865년에 파괴되어버렸다.

그리하여 링컨이 연방을 "수호"했다는 것은 마치 아내를 학대해오던 남자가 폭력으로 그 아내를 가정으로 다시 돌아오게 만들면서, 또 한 번 집을 떠나면 죽여버리겠다고 협박함으로써 결혼공동체를 수호했다고 하는 격이다. 연방이 잘 지켜졌을지는 모르겠지만, 결혼식 날 존재했던 것과 같은 그런 결속은 이미 더 이상 존재하지 않는 것이다. 건국의 아버지들이 세운 미국연합의 존재는 1865년 4월*로 종지부를 찍은 것이다.

* 남군의 항복 시점.

신화 3: "링컨은 헌법의 수호자였다." 조지 오웰조차도 이런 주장에는 얼굴을 붉힐 것이다. 생각건대 이런 주장을 내세울 수 있으려면 링컨이 연방 헌법에 관해 말했던 몇몇 그럴 듯한 말들에만 한정하고, 그의 실제 행동은 전반적으로 무시하는 수밖에 없다. 예컨대 그는 연방의회의 동의 없이 남부의 침공을 개시했고, 불법적으로 인신보호영장제도를 정지시켰으며, 북부의 정적 수만 명을 투옥했고, 자신에 반대하는 300여 개의 신문을 폐간시켰으며, 모든 전보를 검열했고, 선거를 통해 선출된 볼티모어 시장과 다수의 메릴랜드 주의회 의원들을 투옥했고, 불법적으로 웨스트버지니아 주의 분리*를 조율했으며, 가장 노골적으로 비판하고 덤비는 야당인 민주당 소속의 오하이오 주의회 의원 클레멘트 벌랜디검Clement L. Vallandigham을 추방**했으며, 제2차 수정헌법*** 조항에 위배해 조직적으로 경계주****들을 무장해제시킴으로써 자신이 독재자임을 효과적으로 선언했다. 링컨의 신봉자들은 이 모든 것을 변명으로 일관하려 하지만 역사적 사실을 잘 아는 사람들에게 그들의 말은 공허한 울림일 뿐이다.

신화 4: "링컨은 평등을 위해 헌신했다." 링컨의 말이, 아니 그보다 더 중요한 그의 실제 행동이, 이런 주장과 완전히 모순된다. "나는 백인과 흑인

---

* 1863년 6월 20일 버지니아 주로부터 분리되어 연방에 가입했다.
** 벌랜디검은 오하이오 주에서 군사령관의 포고령에 위반해 재판을 받은 끝에 남부로 추방되었으나 곧장 버뮤다를 경유해 캐나다로 망명해 그곳에서 계속해 링컨에 반대하면서 오하이오 주지사에 출마했으나 낙선했다.
*** 1787년 제정된 미합중국 헌법에 개인의 기본권에 관한 규정이 없음이 인식되자 1791년 "권리장전Bill of Rights"의 형식으로 헌법에 추가amendment했는데, 여기서 말하는 "제2차 수정" 조항은 "자유로운 주州의 안보에는 잘 통제된 민병대가 필요하므로 인민이 총포를 소지할 권리는 침해될 수 없다"는 내용이다.
**** 델라웨어, 켄터키, 메릴랜드, 미주리, 웨스트버지니아 등 5주는 노예제를 유지하는 주로서 북부의 주들과 경계선을 같이 하고 있었으므로 그 내부적으로도 친북부계와 친남부계 간의 갈등이 극심했다.

> 링컨에 의한 주권州權 탈취는 위헌적인 것이었다.

간에 정치적, 사회적 평등을 도입할 의사가 전혀 없다"고 링컨은 1858년 8월 21일 스티븐 더글러스Stephen Douglas와의 토론*에서 말했다. 놀랍게도 상당수의 링컨 학자들은 링컨이 이런 말로써 사실은 "나에게는…정치적, 사회적 평등을 도입할 의사가 정말로 있다"라는 의미로 "진짜로" 말했다고 결론을 내린다. 이런 발언 내용은 대부분 간단하게 무시되며 미국의 어린 학생들의 천진무구한 눈에 띄지 않도록 숨겨진다.

링컨은 흑인들이 일리노이로 이주해오는 것을 반대하고 일리노이 주의 흑인단속법Black Code**을 지지했는데, 그 법은 간신히 자유를 얻어 일리노이 주 내에서 거주하게 된 몇 명 되지도 않는 흑인들에게 시민권 비슷한 것은 아예 허용하지도 않는 법률이었다. 또한 그는 일리노이 주 식민협회의 지도급 인사로서 주의회로 하여금 자유를 찾은 흑인들을 '식민지로 보내거나' 추방하는 데 필요한 기금을 배정하는 법안을 통과시키도록 설득하는 일에 나섰다. 다수의 유력 신문에 기고하는 조지프 소브런Joseph Sobran이 말했듯이 링컨의 입장은 흑인들이 '평등권'을 누리는 것은 좋지만 미합중국 내에서만큼은 안 된다는 것이었다. 그는 흑인들을 아프리카, 아이티, 중남미 등지, 다시 말해 미국만 아니라면 어디로든지 '식민colonizing'하기를 원했다. 수많은 북부 사람들이 이런 견해를 지지하고 있었으며, 눈치 빠르고 뛰어난 정치인이었던 링컨 역시 이를 지지했던 것이다.

* 링컨은 1958년 연방 상원의원에 출마하여 상대방인 민주당 소속의 스티븐 더글러스 의원과 일리노이 주 내의 도시들을 순회하면서 7차례에 걸친 토론회를 벌인 바 있었다.
** 일리노이 주는 노예제도를 폐지했으면서도 흑인이 주 내에 거주하는 것을 달갑게 여기지 않았으므로 1853년 흑인이 주 내로 이주해오는 것을 완전히 금지하는 법을 만드는 등 남북전쟁 전에는 흑인에 대해 가혹한 규제를 했다.

신화 5: "링컨은 위대한 정치가였다." 캘리포니아가 연방에서 탈퇴하자 미국 대통령이 그에 대한 응징으로 로스앤젤레스, 샌디에이고, 샌프란시스코를 융단 폭격해 도시의 90% 이상을 파괴시켰다고 상상해보라. 셔먼Sherman 장군이 애틀랜타를 포격한 일, 해군을 시켜 남부의 연안을 봉쇄한 일, 사실상 모든 해외무역을 차단한 일, (1864년 애틀랜타에서 그랬듯이) 수천 명의 거주자를 그들의 집에서 쫓아낸 일,

> 그 시대의 사람으로서 링컨은 백인우월주의자의 시각이라고밖에는 설명할 수 없는 견해를 지니고 있었다.

대부분의 공장과 농장을 파괴한 일, 약탈을 일삼는 군인들이 사유재산을 대거 약탈한 일, 징병 적령인 남성 넷 중 하나를 죽이고 그 두 배 이상에 해당하는 사람들을 평생 불구로 만든 일들이 바로 그런 경우였다.

그런 미국 대통령을 "위대한 정치가"로 볼 것인가, 또는 전범으로 볼 것인가? 답은 자명하다. 진정한 정치가라면 다른 무엇보다도 제10차 수정헌법*에 담긴 대로 각 주의 연방이탈권을 인정하면서 이탈한 주들에게 연방으로 복귀하는 것이 모두에게 최선이 됨을 열심히 설득했어야 했다. 위대한 정치가라면, 아니 평범한 정치가라도 충동적으로 국가 전체를 피비린내 나는 전쟁으로 몰아넣는 일은 하지 않았을 것이다.

> "위대한 정치가"라면 자신의 국민을 조종해서 역사상 가장 잔인한 전쟁으로 몰아넣지는 않았을 것이다.

섬터 요새Fort Sumter 사태**(여기에서는 아무도 죽거나 다치지 않았다)에 대

---

* "헌법이 미합중국에게 위임하지 않은 권한 및 주에 금지하지 않은 권한은 각 주 또는 그 시민에게 유보된다."
** 1861. 4. 12. 남군이 먼저 연방관할 하의 섬터 요새에 포격을 개시했고, 이틀 후 링컨은 연방군의 철수를 명하는 일방 주써 민병대로부터 7만 5,000명을 소집하게 되는데, 이로써 남북전쟁의 발단으로 삼는다.

응한 링컨의 호전적 적대행위와 남부 전체 주에 대한 침공행위가 당초 연방에 남아 있기로 투표했던 남부의 북쪽 주들—버지니아, 노스캐롤라이나, 테네시, 아칸소—로 하여금 연방 이탈을 결의하도록 재촉한 꼴이 되었다. 그는 남부연맹의 대표들과 평화를 논의하기를 거부했으며, 평화협상의 중재자를 자임하고 나선 프랑스의 나폴레옹 3세와의 만남도 거절했다. 진짜 정치인이라면 그런 식으로는 행동하지 않았을 것이다.

섬터 요새 사건 이후, 링컨은 사우스캐롤라이나 사람들로 하여금 먼저 섬터 요새에 포격을 하도록 유도해낸 해군의 폭스Fox 중령에게 고마움을 표시했다. 위대한 정치인이라면 인류 역사상 가장 피를 많이 흘린 전쟁 중 하나를 국민이 시작하도록 교묘히 몰아가지 않았을 것이다.

신화 6: "링컨은 위대한 인도주의자였다." 위대한 인도주의자라면 링컨이 그 재임 중에 했던 것처럼 전면전을 수행하며 일일이 작은 일까지 시시콜콜 간섭하거나 시민을 상대로 적대행위를 일삼지 않았을 것이다. 민간인들만 살고 있는 마을 전체를 불태우고 대규모의 약탈과 노략질을 자행하고, 심지어 처형까지 하는 것을 포함해서 말이다. 위대한 인도주의자라면 링컨이 필립 셰리던Philip Sheridan 장군에게 했듯이, 잔학한 행위와 전쟁범죄를 저지른 사람들에게 개인적으로 감사하며 "온 국민의 감사 인사"를 전하는 일*은 하지 않을 것이며, 모든 것을 잃은 남부 시민들의 비참한 운명을 셰먼 장군이 회고록에서 그랬듯이 글자 그대로 비웃는 일도 없었을 것이다.

위대한 인도주의자는 링컨처럼 자신의 시민을 향해 겨냥할 목적으로 더 많은 치명적인 대량살상무기를 개발하는 용도에 세금을 잔뜩 배정하는 일

---

* 셰리던 장군이 셰넌도어 계곡에서 준동하던 남군을 완전히 몰아냈을 때 링컨이 보낸 감사의 전보문.

에 골몰하지 않는다. 『조지아 주를 관통한 셔먼의 진군Marching Through Georgia』이란 책에서 만약 남부연맹이 어떻게 해서든 이겼더라면 "링컨과

> 인도주의자는 무고한 시민들을 상대로 적대 행위를 하지 않는다.

연방의 고위 지휘부 모두를 전범으로", 특히 시민들을 상대로 적대행위를 했다는 이유로 "교수형에 처함"이 당연한 일이었을 터라고 갈파했던 역사학자 리 케넷Lee Kennett은 옳았다. 이것은 링컨 신봉자들과 오합지졸의 궁정사학자들이 우리에게 보여주는 남북전쟁에 대한 환상에 빠진 해설들과는 전혀 달리, 남북전쟁의 진짜 역사를 연구함으로써 얻게 되는 진정한 결론이다.

3장
가짜투성이의 링컨 어록

로버트 조핸슨Robert Johannsen이 토로한 대로 "링컨을 둘러싼 신화의 껍질" 속을 들여다보는 것은 왜 그렇게 어려운 일일까? 한 가지 이유는 문헌들에 링컨이 한 말이라며 엉터리 인용문들이 범람하고 있기 때문이다. 이런 엉터리 어록들은 제16대 대통령의 신격화를 더욱 강화하는 데 사용되거나 특정 정치강령을 홍보하는 데 활용된다. 예를 들면 2003년 케빈 필립스Kevin Philips가 쓴 『부와 민주주의: 부자의 정치적 역사Wealth and Democracy: A Political History of the Rich』라는 제목의 책에 대한 『뉴욕 타임스』의 서평에 바로 그런 인용문이 나타났다. 평자인 하버드 대학교의 사학자인 폴 케네디Paul Kennedy는 필립스가 그의 책에서 사용한 다음과 같은 가짜 어록을 되풀이했다. "돈의 힘은 평화로운 시기에는 나라를 갉아먹고, 혼란스러운 시기에는 나라를 전복시키려 한다. 돈은 군주제보다도 더 횡포스럽고 전제주의보다도 더 오만하며 관료제보다 더 이기적이다…이제 기업은 최고의 자리에 등극했으므로 고위층에서 부패가 뒤따를 것이다."

필립스는 "금력"이 사회를 부패시킨다는 자신의 주제에 링컨의 "도덕적 권위"를 첨가할 수 있는 완벽한 인용문을 찾아내었다고 생각했음이 분명하다. 그러나 역사학자 매슈 핑크서Mathew Pinkser가 히스토리 뉴스 네트워크History News Network의 웹사이트에서 지적했듯이, 그 인용문은 『링컨 글모음Lincolns Collected Works』의 어디에도 나와 있지 않으며, 『링컨 글모음』의 편집자는 그것을 "대담하고 뻔뻔스러운 위조"라고까지 단정할 정도였다.

실제의 링컨에 대해 아는 사람이라면 누구나 그 인용문이 가짜라는 것을 알 것이다. 진실을 말하자면, 링컨은 기업을 대리하는 사실심 변호사로서 그의 고객 명단에는 중서부의 주요 철도회사가 모두 포함되어 있었다.* 1860년 공화당 전당대회에서 보호무역정책을 추구하는 기업들은 철강산업이 주종을 이루는 펜실베이니아 주의 표를 몽땅 링컨에게 넘겨주었다. 그는 전국에서 가장 큰 기업들과 긴밀하게 연결되어 있었고, 그 기업들은 그의 가장 든든한 정치적 후원자였다. 그런 그가 케빈 필립스, 랠프 네이더Ralph Nader, 마이클 무어Michael Moore처럼 사회주의적이고 반기업적인 견해를 지닌 사람들과 같은 표현을 구사했다는 기록이 남아 있으리라고는 볼 수 없다.

그리고 수백 개까지는 아니겠지만, 이런 수십 개의 인용문이 다음 세대들에게 거짓된 링컨의 성스러운 이미지를 고취하는 데 사용되고 있다. 이런 거짓 문장들 중 일부는 옥스퍼드 대학 출판사에서 펴낸 폴 볼러Paul F. Boller, Jr. 교수와 존 조지John George 교수의 『그들은 결코 그런 말을 한 적이 없다: 거짓되었거나 틀린 인용문, 그리고 오해하기 쉬운 말들They Never Said It: A Book of

---

* 링컨이 중서부 철도회사의 민사소송사건들을 많이 수임해 대리한 것은 사실이다. 그러나 그런 변호사는 링컨 이외에도 얼마든지 있었고, 그런 사건은 대부분 순회법원에서 벌어지는 평범한 소송건인데다가 수임료도 저렴했다. 더욱이 링컨은 회사 사건을 수임할 경우 회사에 의한 통제와 간섭을 지극히 혐오했다.

Fake Quotes, Misquotes, and Misleading Attributions』에 실려 있다.

> 당신이 좋아하는 링컨의 많은 어록들은 순전히 거짓이다.

수십 년 동안 학자들과 언론인들은 링컨이 했다는 다음과 같은 말을 인용해왔다. "노동을 사랑하는 것은 국가에 이바지하는 것이다. 노동을 저해하는 것은 미국에 대한 반역이다. 이 둘 사이에는 어떤 선도 그을 수 없다. 만약 누군가가 자신이 미국을 사랑한다면서도 노동을 싫어한다고 말한다면 그는 거짓말쟁이다. 누군가가 미국을 신뢰한다면서도 노동을 두려워한다고 말한다면 그는 바보이다. 노동이 없이는 미국은 존재할 수 없고, 어느 하나에서 도피하는 것은 다른 하나도 빼앗아가는 것이다."

노동조합은 당연히 이 인용문을 끝없이 되풀이해왔다. 그들에게는 안된 일이지만, 볼러 교수와 조지 교수는 "(링컨이) 이런 언급을 했다는 기록은 어디에도 없다"고 지적하고 있다.

금주법에 반대하는 운동단체들은 링컨의 말로 추정되는 또 다른 어록을 오랫동안 금과옥조로 내걸어왔다. "금주법은 자기 절제라는 미덕에 큰 해가 될 것이다…왜냐하면 이는…인간의 기호를 입법으로 통제하려는 시도이며 범죄가 아닌 것을 범죄로 만드는 것이기 때문이다." 볼러와 조지에 따르면 "이 말이 링컨의 말이라는 기록은 어디에도 없다"라는 것이다. 이 말은 조지아 주의 금주법반대운동단체의 지도자가 지어낸 것임이 분명하다.

"나에게 그것을 비난할 기회가 주어진다면 강하게 비난할 것이다." 링컨이 노예제도에 대해 언급한 것으로 알려진 내용이다. 이 말 역시 자주 되풀이된다. 링컨과 남북전쟁에 대한 기사들로 채워져 있는 『디 아메리칸 엔터프라이즈The American Enterprise』 2003년 3월호에서 『1865년 4월: 미국을 구원한 그 달April 1865: The Month That Saved America』의 저자인 사학자 제이 위닉Jay

Winik은 이 문구를 반복하고 있다. 위닉에게는 안된 일이지만, 볼러와 조지의 책에 의하면 링컨은 "위와 같은 말을 결코 한 적이 없다"는 것이다.

링컨은 그의 정치연설에서 종교적인 수사법을 능숙하게 구사했음에도 불구하고 기독교 신자였던 적이 없었고, 교단에 소속된 적도 없었으며, 예배당에 발을 들여놓은 적도 거의 없었다. 그가 대통령 선거에 출마했을 때 일리노이 주 스프링필드 시의 거의 모든 성직자들은 그를 반대했다. 그러나 그는 "나는 성경이 필요 없는 양 잘난 척하는 사람치고 훌륭한 사람을 본 적이 없다"라고 말한 것으로 알려져 왔다. 볼러와 조지가 입증했듯이 이 또한 거짓이다.

링컨이 게티즈버그에서 병사들의 무덤을 둘러본 후 기독교 신자가 되었다는 이야기도 같은 사례이다. 그는 "저는 그때 거기에서 저 자신을 주님께 바쳤습니다. 그렇습니다. 저는 예수를 사랑합니다!"라고 말한 것으로 알려져 있다. 이것도 거짓이다. 그는 그런 말을 한 적이 없다. 이 특별한 기만은 전쟁이 끝난 후 링컨을 신격화하려던 뉴잉글랜드 성직자들의 성공적인 운동의 결과일 것이다. 그들은 링컨을 예수와 모세에 비유하면서, 예수가 세상 사람들의 죄를 대신해 죽었듯이 링컨도 나라의 죄를 대신해 죽었다고 주장한다. 때때로 그에게 "구원자 대통령"이라는 불경스러운 이름이 주어지는 것은 이 때문이다. 마치 모세가 그 백성들을 약속의 땅으로 인도했지만 그 자신은 그 땅에 들어가지 못했던 것처럼 링컨도 그러했다는 것이다. 그러나 19세기 후반 뉴잉글랜드 성직자들에게 닥친 난제는 "성인의 시호를 받은" 그들의 링컨이 불가지론자이거나 무신론자라는* 점이었다. 따라서 비유적으로 말하자면 그는 기독교인으로 다시 태어나야만 했다. 한 박식한 성직자

---

* 실제로 링컨은 교회의 예배에 참석한 일이 거의 없었다고 한다.

가 조롱하듯 말한 바에 따르면, 링컨은 "죽은 지 6개월 만에" 기독교인이 된 것이었다.

> 링컨이 게티즈버그에서 기독교에 귀의했다는 해묵은 이야기는 진실이 아니다.

비록 링컨이 대통령이 되기 전 가장 보수가 높은 사실심 변호사 중 하나였고, 부유하고 노예를 소유한 켄터키 가문의 딸과 결혼했을지라도 그는 여전히 가난한 산골의 "통나무꾼"*이자 "민중의 사람"으로 묘사된다. 여러 세대에 걸쳐서 미국의 어린 학생들은 그가 "하느님은 보통사람을 사랑하셨음이 분명하다. 왜냐하면 보통사람을 그토록 많이 만들어내셨으므로"라고 말했다고 배웠다. 링컨이 이런 류의 말을 했다는 증거는 전혀 없다고 볼러와 조지는 결론내렸다. 그들은 바로 이 거짓 인용의 원본이 1928년 출간된 제임스 모건James Morgan의 『우리의 대통령들 Our Presidents』이라는 것을 밝혀냈다.

링컨은 "만약 이 나라가 붕괴된다면 그것은 내부로부터의 붕괴일 것이다. 내부로부터 붕괴되지 않는다면 앞으로 영구히 존속할 것이다"라는 말을 한 것으로 회자되고 있다. 이 또한 거짓으로 밝혀졌다. 볼러와 조지는 이 거짓 인용문이 상원의원을 역임했던 조지프 매카시Joseph McCarthy가 1953년 한 연설에서 링컨의 말을 왜곡한 것으로 밝혀냈다.

링컨은 드러내놓고 형태 여하를 불문하고 인종 간의 평등에 반대해왔다. 링컨은 많은 대중연설에서 인종 간의 평등에 대한 그의 반대의견을 표명했고, 더 중요한 것은 자신의 행동을 통해서 보여주었다는 점이다. 궁정사학자

---

* 정확하게는 가축을 가두기 위한 울타리를 만들 때 기둥에 가로 걸치는 용도에 쓰기 위해 통나무를 길고 가늘게 쪼개는 사람이라는 뜻이다. 번역자 중에는 "울타리 가로장 제작공"이라고 번역한 예가 있다.

들과 링컨의 수문장들은 그의 인종차별적 신념에 관해 미국인들을 오도해왔다. 만약 링컨의 말이라고 받아들여지고 있는 다음 인용문을 읽은 적이 있다면 그것 역시 거짓임을 알아야 할 것이다. "반란 주들이 연방에 복귀하려면 두 인종 간의 시민적, 정치적 평등의 원칙에 따라야 한다." 그는 이런 말을 한 적이 없다. 또 "하느님이 존재하시며 하느님이 불의와 노예제도를 혐오하심을 알라"는 말도 한 적이 없다. 이 또한 어린 학생들을 기만해온 거짓 인용문이라고 볼러와 조지는 말한다.

링컨을 더없이 현명하고 슬기로운 사람으로 보이게 하는, 링컨이 했다는 길고 긴 지혜의 말씀들이 있다. 그중에는 "근검절약을 하지 않고서는 번영을 가져올 수 없다. 강자를 꺾는 것으로 약자를 강하게 할 수 없다. 큰 자를 깎아내리는 방법으로 강자를 도울 수는 없다. 사용자를 끌어내림으로써 근로자를 도울 수는 없다. 계급 간의 증오를 고취시킴으로써 형제애를 촉진할 수는 없다. 부자를 박살냄으로써 빈자를 도울 수는 없다. 빌린 돈으로는 건전한 부를 쌓을 수 없다. 당신이 버는 것보다 더 많이 소비함으로써 근심에서 벗어날 수 없다. 인간의 독창성을 빼앗음으로써 인격과 용기 있는 사람이 될 수 없다. 남이 스스로 할 수 있는 일을 대신 해주는 방법으로는 그를 항구적으로 도울 수 없다"라는 경구들이 들어 있다.

참으로 지혜로운 말씀들이다. 이 충고의 한 구절 한 구절이 금화만큼이나 가치가 있는 말씀들이다. 그러나 이중 링컨이 말한 것은 하나도 없다. 이것들은 모두 '조작으로' 판명되었다.

에이브러햄 링컨은 심지어 "어느 시대의 모든 사람을 속일 수는 있다. 그리고 모든 시대의 몇몇 사람을 속일 수는 있다. 그러나 모든 시대의 모든 사람을 속일 수는 없다"라고 말한 적도 없다(더욱이 그의 행동이나 정치적인 수사를 보면 그가 실제로는 "모든 사람을 속일" 수 있다고 생각했음이 드러난다).

볼러와 조지는 이 말을 "링컨의 활자화된 연설문 어디에서도 발견할 수 없었다"고 말하지만, 링컨 학자들은 여전히 이 말이 "링컨 풍風"이라는 이유로 계속해서 애용하고 있다.

　미국인들은 이 책 전체, 특히 이 책의 마지막 장에서 논의되고 있는 바와 같이 링컨에 대한 가장 중요한 사실들을 전혀 알지 못할 뿐 아니라 그들이 링컨에 대해 알고 있다고 생각하는 대부분의 사실이 거짓임을 모르고 있다. 그들은 완전히 잘못된 교육을 받아온 것이다.

4장

양키가 도덕적으로 우월하다는 잘못된 신화

필자는 펜실베이니아에서 태어나고 자랐지만, 스스로 양키라고 생각하지는 않는다. 양키Yankee라는 단어는 미국의 북부에서 태어나고 자란 사람을 뜻한다기보다는 태도나 사고방식을 뜻한다. 네덜란드로부터 뉴욕에 이주한 사람들이 코네티컷의 영국인 정착자들을 보고 처음에 그렇게 불렀다. 19세기 초에서 중반까지는 뉴잉글랜드인을 지칭하던 것이 나중에는 중서부* 사람을 지칭하는 말로서 대중성을 얻게 되었다. 양키라는 단어는 거만하고, 불친절하며, 우월감에 사로잡히고, 아량이 부족하고, 지극히 독선적이며, 자기들만이 신에게 선택된 사람들이라고 믿는 뉴잉글랜드 사람들에게 붙여진 단어였다(보수적인 사학자 클라이드 윌슨Clyde Wilson은 일리노이에서 태어나 매사추

---

* 오늘날의 일리노이, 미시건, 인디애나, 아이오와, 캔자스, 미주리, 미네소타, 오하이오 등의 지역을 일컫는 말.

세츠와 코네티컷에서 교육을 받은 힐러리 클린턴을 두고 양키의 "교과서적 표본"이라고 언급한 적이 있다).

양키들은 다른 사람들을 자신들의 이상에 맞추어 개조하기 위해 정부의 강제력을 사용하는 데 주저하지 않았다. 따라서 금주법만이 아니라 의무교육 또한 뉴잉글랜드에서 처음 시작되었음이 단지 우연만은 아닐 것이다. 최근의 북부 양키들을 특징짓는 것이 바로 "신보수주의"로서, 이는 미국 정부가 "민주주의와 자유"를 빙자해 전 세계를 자신들의 이상에 맞추어 개조하기 위해서는 군사력을 동원해야 한다고 믿는 이데올로기이다.

양키가 도덕적으로 우월하다는 사상은 필그림Pilgrims* 시대부터 신중하게 공들여 만들어지기 시작했다. 1861년쯤 되면 뉴잉글랜드 양키들과 중서부까지 퍼진 그들의 동포들은 자기들만이 도덕적으로 우월한 자유인이며, 백인이고, 선한 뉴잉글랜드인이라는 신화를 날조해 자기들은 미국의 다른 지역들도 자기들의 이상에 맞추어 개조할 권리를 가진다는 확신 하에 미국 전체를 뉴잉글랜드처럼 만듦으로써 지상낙원을 만들어낼 수 있다고 자부하게 된다. 결과적으로 이런 사고방식은 노예 소유를 허용하는 남부는 애당초 도덕적으로 열등하다고 단정하는 것이다.

> 예나 지금이나 북부사람 모두가 "양키"는 아니다.

그러나 뉴잉글랜드의 양키 사회가 도덕적으로 우월하다는 관념은 신화이다. 이는 브라운 대학교의 조앤 포프 멜리시Joanne Pope Melish 교수가 쓰고 1998년 코넬 대학교 출판부가 펴낸 그녀의 책『노예버리기: 1780~1860년간 뉴잉글랜드에서의 점진적 노예해방과 인종문제Disowning Slavery: Gradual

---

* 콜럼버스의 미 대륙 발견 후 자기들이 믿는 종교의 자유를 위해 미국으로 이주한 개척민들.

Emancipation and Race in New England, 1780~1860』에 자세히 설명되어 있다. 멜리시 교수는 뉴잉글랜드의 여론 주도층이 자기들 지역 내에서는 노예제도가 단기간만 존재했고, 그것조차도 상대적으로 너그러웠다고 자기들의 역사를 날조(구소련이 그들의 역사를 날조한 것과 별반 다르지 않다)한 과정을 기록하고 있다.

진실은 뉴잉글랜드에서 노예제도가 (1638년에 시작해) 200년이 넘게 지속되어왔으며 다른 곳의 노예제도나 마찬가지로 모멸적이고도 비인간적이었다는 점이다. 18세기 중반의 로드아일랜드에서는 대부분의 지역사회에서 노예가 인구의 3분의 1을 차지했다. 로드아일랜드의 뉴포트와 매사추세츠의 보스턴은 대서양을 건너오는 노예무역의 가장 큰 중심이 되는 두 도시였다. 노예의 노동력은 아프리카에서 노예를 실어올 뉴잉글랜드 노예선을 건조하는 데 투입되었다.

뉴잉글랜드 상류층의 집안일과 농장일은 사실상 노예들이 도맡아했다고 멜리시 교수는 쓰고 있다. "이 하인들은 집안의 지저분하고 힘들고 위험하고 천한 일들을 하거나 상류층 주인과 여주인의 하인, 하녀로서 열등한 역할을 수행했다"는 것이다.

멜리시 교수는 또한 뉴잉글랜드의 남성 주인들이 여성 노예에게 가한 성적 학대의 흔해빠진 현상에 대해서도 기록하고 있다. 뉴잉글랜드의 저명한 목사 커튼 매서Cotton Mather는 그

> 뉴잉글랜드에서는 200년 넘게 노예제도가 존재했고, 다른 지역의 노예제도와 마찬가지로 모멸적이고 비인간적이었다.

의 동료 양키들에게 노예를 기독교도로 만들면 훨씬 더 나은 노예로 탈바꿈시킬 수 있다고 조언했다. 뉴잉글랜드에서 종교적 우상으로 숭배되기조차 했던 이 사람은 "당신의 노예가 기독교인으로 되면 더 나은 노예가 될 것"이라고 말했다. 그들로 하여금 기독교를 믿게 하라. 그러면 그들은 "당신을 불

쾌하게 만드는 일을 하거나 그런 말을 하는 것조차 두려워하게 될 것"이라는 것이었다.

좀 더 교육을 많이 받고 숙련된 인력을 필요로 하는 제조업이 성장함에 따라 뉴잉글랜드에서 노예제도는 경제성을 잃게 되었다. 그리고 19세기 후반부터는 점진적인 해방에 관한 법률들이 도입되기 시작했다. 일반적으로 이런 법률들은 기존 노예의 자식들은 보통 21세에서 25세가 되면 자유의 몸이 될 수 있다고 규정하고 있었다. 이론적으로 1784년에 1세였던 노예가 25세에 아이를 낳을 경우, 그 자신은 평생 노예로 남아 있어야 하지만, 그의 아이는 1834년경이면 자유로운 몸이 될 수 있었던 것이다. 19세기 뉴잉글랜드의 호구조사에는 노예들도 포함되었으며, 자료에 따르면 1848년에 이르러서야 로드아일랜드가 노예제도를 금지하는 새로운 법률을 통과시키고 있다. 뉴햄프셔는 그보다 훨씬 이후인 1857년에야 노예제도를 금지하는 법률을 통과시켰다. 이렇게 뉴햄프셔에는 남북전쟁 직전까지도 노예제도가 여전히 존재하고 있었던 것이다. 뉴욕 주에는 최소한 1850년까지 노예가 존속하고 있었으며, 뉴저지 주는 1865년까지도 노예제도를 폐지하지 않았다.

> 뉴잉글랜드에서 경제적인 이유로 노예제도가 점진적으로 폐지되어 가는 상황이 되자 뉴잉글랜드의 수많은 노예소유주들은 남부의 농장주들에게 노예를 팔아넘겼다.

멜리시 교수는 뉴잉글랜드의 노예소유주들이 노예들로 하여금 생년월일을 알지 못하게 하거나 정확하게 일러주지 않음으로써 가능한 한 오랫동안 노예로 붙잡아두는 등의 방식으로 점진적 노예해방법률을 위반한 사실에 관해 쓰고 있다. 많은 뉴잉글랜드 사람들은 노예가 해방될 수 있는 연령에 다다랐어도 그들을 풀어주지 않고 대신 남부의 농장주에게 팔아버렸다.

노예제도가 폐지되었다고 할 수 있을지언정 북부의 모든 노예소유주가 노예를 자유인으로 풀어준 것은 아니었던 것이다. 『미국의 민주주의Democracy in America』에서 토크빌Tocqueville은, 아이러니컬하게도 '인종 문제'는 노예를 소유한 주보다 노예를 소유하지 않는 주에서 더 심각해 보인다고 지적했다. 그는 모든 흑인은 '이방인'이므로 아프리카로 추방하거나 '식민'해야 한다고 믿는 뉴잉글랜드 사람들의 일반적인 사고방식을 잘 알고 있었다. 에머슨Ralph Waldo Emerson은, 흑인은 "열등한" 인종이기 때문에 "도도새dodo*의 뒤를 이어 멸종"하고 말 것이라고 예언함으로써 토크빌의 관점이 정확했음을 입증했다.

점진적 노예해방을 정하는 법률이 통과된 후였지만, 뉴잉글랜드 정부는 '자유인'이 된 흑인들에게 진정한 시민권은커녕 그 비슷한 것조차도 부여하지 않도록 규제하는 법안을 통과시켰다. 해방된 흑인들이 앞으로 "무수하게 저지를 위법행위에 대해 몰수, 벌금, 매질 등의 처벌을 가하는 복잡한 시스템"이 가동되었다. 자유로워진 흑인에게는 재산권이 인정되지 않았고, 그 결과 그들은 극도로 궁핍해졌다. 노숙자에 관한 법률이 통과되어 뉴잉글랜드 사회는 가능한 한 많은 흑인들을 추방할 수 있었다. 자유로워진 흑인은 '치안질서를 어지럽힌다'는 혐의를 뒤집어쓰기가 일쑤였고, 결과적으로는 지역사회에서 추방되었다.

'도덕적으로 우월'하다고 자처하는 뉴잉글랜드 양키들은 흑인들이 시민권을 향유할 자격이 있다고는 생각하지 않는다는 신념을 거듭 공언해왔으며 그들을 지역사회에서 추방하려고 노력했다. 흑인들을 라이베리아 등지의 외국으로 추방하기 위한 기금을 모으고 있던 미국식민협회American Colonization

---

* 아프리카 동부의 섬 모리셔스에 서식하다가 17세기 중반 경에 멸종되었다. 날지 못하며 몸길이는 1m나 되었으므로 인간에 의한 쉬운 사냥의 대상이 되었다.

Society는 뉴잉글랜드에서 매우 활발하게 활동했다. 1861년까지 12,000명가량의 해방된 흑인들이 뉴잉글랜드에서 라이베리아로 추방되었으나, 그들 대부분은 그곳에서 죽고 말았다. 뉴잉글랜드 사람들에게 '노예제 폐지abolitionism'는 반드시 흑인에게 자유를 주는 것을 의미하는 것은 아니었고, 오히려 자기들 가운데서 흑인의 존재를 '제거'함을 의미하는 것이었다. 자기들은 신에 의해 선택된 사람들이므로 '열등한 존재'는 자기들에게 용납될 수 없다는 것이었다. 에머슨이 말했듯이 "노예폐지론자들은 노예제도를 폐지하기를 원하지만, 그것은 그들이 흑인들을 없애기를 바라기 때문"이라는 것이다. 이로써 아마도 "뉴잉글랜드는 질서정연하고 동질적인 백인들만의 이상적 사회로서 원상복구될 것"이라는 것이었다. 해방된 뉴잉글랜드는 백인만의 뉴잉글랜드가 될 것이었다. 바꾸어 말하자면, 그들은 분명히 우월한 지배적 인종을 만들어내기를 원했던 것이다.

뉴잉글랜드의 해방된 흑인들은 19세기 전반부에도 비인간적인 방법으로 끔찍하게 학대를 당했다고 멜리시 교수는 기록하고 있다. 뉴잉글랜드 주는 흑인들을 몰상식하고, 어리석고, 사악한 존재로 생생하게 묘사하는 문학적 작품들로 넘쳐났다. 뉴잉글랜드판 큐 클럭스 클랜Ku Klux Klan 테러 단원들은 남부에 그런 형태의 조직이 생겨나기 훨씬 전부터 존재해왔다. 멜리시는 "도시의 흑인사회나 흑인을 위해 일하는 기관들에 대한 테러 행위"를 자행하는 떠돌이 갱단에 대해서도 쓰고 있다.

뉴잉글랜드의 해방된 흑인들은 나라를 떠날 것을 강요당하고, 폭행과 폭동의 대상이 되고, 배심원에서 제외되었으며, 묘지에서조차 배척되었다. 흑인의 무덤은 백인의 묘지가 "오염"되어서는 안 된다는 이유로 파헤쳐졌다. "흑인들의 시체가 묘지 도굴범들의 표적이 되었다"고 멜리시는 쓰고 있다. 흑인 어린이들은 그 부모들이 납세자인 경우에조차 대부분의 공립학교에서

입학을 거부당했다.

후에 남부의 민간인들에게 행해진 셔먼식의 초토화작전*을 예고라도 하듯 뉴잉글랜드의 모든 흑인공동체는 공격을 받아 잿더미가 되었다. "1820년대 초기가 되면 백인들은 흑인들을 물리적으로 제거하려는 계획을 실행에 옮겨 그들의 공동체를 공격하고, 집을 불태우며, 그들을 옹호하는 자를 공격하는 행위를 시작한다." 1830년대에는 "흑인에 대한 폭도들의 집단적 폭력이 절정"에 이르며, 1820년부터 1840년 사이에 거의 100여 건의 폭력사건이 있었던 것으로 기록되고 있다. 참으로 "도덕적으로 우월"한 자들의 짓이었다.

이러한 폭력은 흑인들이 "변태적이고 말썽 많은 이방인"이라는 뉴잉글랜드의 뿌리 깊은 편견에서 비롯된 것이다. 이들의 목표는 "검둥이들의 숫자를 서서히 줄여서 결국은 완전히 사라져버리게 만드는 일"이었

> 뉴잉글랜드 사람들은 자유인이 된 흑인들을 그들 사회로부터 제거하기 위해 흑인 마을을 통째로 태워버리는 일조차 서슴지 않았다.

다. 1853년 프레더릭 더글러스Frederick Douglass**는 뉴잉글랜드의 상황을 조사해보고 나서 외쳤다. "우리를 파멸시키기 위해서 그들이 안 쓴 수단이 뭐가 있는가? 우리에 대한 그들 대중의 편견에 불붙이기를 거부한 자가 누가 있는가? 우리의 비참함을 조금이라도 비웃지 않은 자가 누가 있는가?"

에이브러햄 링컨이 그의 두 번째 취임연설에서 전쟁에 대한 책임을 결코 지려 하지 않으면서 본질적으로 모든 책임을 신에게 돌린 것처럼, 뉴잉글랜

---

* 남북전쟁 중 셔먼 장군이 남부의 애틀랜타 등 핵심지역을 꿰뚫고 대서양 해안의 사반나 시까지 진격하면서 닥치는 대로 포격하고 불태워 남부의 전쟁물자조달기반을 파괴하고 남부 사람들의 사기를 떨어뜨린 작전. 영화 "바람과 함께 사라지다"에 나오는 애틀랜타가 불타는 장면이 바로 그 대표적인 예이다.
** 흑인 출신의 저명한 노예해방운동가, 정치인, 편집인, 작가, 개혁가(1818~1895).

드 사람들도 그들과 함께 살고 있는 흑인들의 비참한 곤경에 대해 어떠한 책임도 지려 하지 않았다. 뉴잉글랜드의 흑인들이 비천한 존재로 살아가는 이유는 남부의 노예제도 때문이라고 그들은 강변했다! 이런 억지논리가 뉴잉글랜드에서 되풀이되면서 뿌리를 내려 오늘날까지 이어지고 있다. 멜리시는 오늘날 북부의 인종주의는 북부 그 자신의 과오 때문이 아니며 오히려 그러한 태도는 남부로부터 유입된 것이라고 주장하는 현대의 좌파(뉴잉글랜드 출신) "사회과학자들"의 주장을 인용하고 있다.

우파 경제학자 토머스 소웰Thomas Sowell도 2005년 발간된 『흑인 노동자 계층과 백인 자유주의자들Black Rednecks and White Liberals』에서 같은 주장을 펴고 있다. 이 책에서 그는, 현재 북부의 흑인사회가 안고 있는 문제점을 17세기의 남부 문화 탓으로 돌리고 있다. 그는 남부의 옛 관습과 풍속이 여전히 강력한 영향력을 발휘하여 오늘날 북부 전 지역의 행동양식을 지배하고 있음을 믿고 있다(소웰과 같이 개인책임론을 옹호하는 보수주의자들은 사회성이 결여된 행동의 '근본원인'을 탐구하는 '자유주의자'들을 격렬히 비난하곤 한다. 그러나 최소한 소웰의 경우에는 더 이상 그럴 자격이 없다). 남부와 남부 사람들을 끊임없이 악마로 만드는 것은 링컨 신화의 중요한 부분이자 요소이다. 남부와 관련된 것이면 무조건 예외 없이 사탄의 것으로 치부하는 일은 바로 일반대중이 19세기 역사를 다른 시각에서 해석하는 데 호기심을 갖는 것을 막기 위한 링컨 신봉자들의 술책이었다.

백인이 도덕적으로 우월하다는 양키 신화는 1860년까지 수천 명의 뉴잉글랜드 출신 이주민들과 함께 중서부로 전파되었다. 흑인들에 대한 뉴잉글랜드식의 태도는 '링컨의 땅'인 일리노이 주에까지 전파되어 그곳에서는 1848년에 흑인들이 일리노이 주로 이주하는 것을 금지하기 위해 주헌법을 개정하기조차 했다. 뉴잉글랜드에서나 마찬가지로 중서부 전역에서 흑인들은 진정한 시민권을 인정받지 못했고, 훨씬 더 혹독하게 차별을 당했다. 일리노이 주 식민협회의 위원 11명 중 한 사람이었던 에이브러햄 링컨은 자유인이 된 흑인을 주에서 추방하기 위한 일이라면 주의 세금에서 충당해도 좋다고 지지했다.

멜리시 교수가 보고한 바에 의하면, 1784년에 미국의 어느 사전은 다른 지역 주민들이 뉴잉글랜드 사람들을 "양키라고 부르면서…" 싫어한다는 사실을 관찰한 어느 영국인 방문자의 말을 인용하고 있다. 별로 놀라운 일도 아니다. 멜리시에 따르면, 남북전쟁에서 북부가 승리한 것은 뉴잉글랜드 국수주의의 중요한 요소인 "문화제국주의의 충격적인 승리"를 뜻하는 것이었다.

그 시점에서 "뉴잉글랜드는 이 나라*와 동격이 되었고, 그 과정에서 이 나라는 뉴잉글랜드와 동격이 되었다"는 것이다.

이러한 사실은 링컨 신봉주의자들에 의해서 여러 세대에 걸쳐 덮개 밑에 깊숙이 감추어져왔으나 멜리시처럼 그 '덮개'를 열고 그 속을 들여다보는 것은 불가능하지 않다. 초창기

> 뉴잉글랜드의 "문화제국주의"는 거짓말의 무더기 위에 쌓아 올려진 것이다.

의 저술가들 중에서도 그 같은 시도를 한 사람들이 꽤 있었지만 대부분 무시되었을 뿐이다. 『짐 크로의 이상야릇한 생애 The Strange Career of Jim Crow』에서 저자인 밴 우드워드 C. Vann Woodward는 이미 멜리시가 주장하는 바와 같은 사태들을 예상하고 있다. 그는 서쪽으로 갈수록 흑인들에게는 상황이 더 나빠진다고 지적하고 있다. 인디애나, 일리노이, 오리건은 자기들 주의 헌법을 수정해, 흑인들이 자신들의 주로 이주해오는 것을 불법으로 규정지었다. 우

---

* 연방 전체를 의미한다.

드워드에 따르면 북부에서는 "인종차별이 곧 원칙"이었다.

북부에서 자유인인 흑인은 기본적으로 법체계의 테두리 바깥쪽으로 쫓겨났다. 즉, 북부의 자유로운 흑인들 중 단 6퍼센트만이 흑인들도 투표가 가능한 주에 살고 있었다. 일반적으로 그들은 배심원이 되는 것도 금지되었다. 많은 주에서 흑인들은 법적으로 백인에게 불리한 증언을 할 수 없었다. 또한 "북부의 감옥에는 흑백 인구 비율을 무색케 할 정도로 불균형하게 많은 흑인들이 수용되어 있었다…" 남북전쟁 전야에 인종문제에 대한 북부의 입장은 "백인이 최고, 흑인은 예속, 그리고 인종은 분리"하는 것이었다고 우드워드는 기록하고 있다. 더욱이 "당시 연방정부를 지배하는 정당(공화당)도 이 입장에 동조하고 있었고, 그 최고대변인foremost spokesman격인 에이브러햄 링컨도 되풀이해 이를 지지한 기록이 있다"는 것이다.

전쟁 후 남부에 적용된 악명 높은 흑인단속법조차도 남부가 만들어낸 작품이 아니라, "1865년 존슨 대통령*이 구성한 임시 연방입법부의 작품이다. 그중 일부는 노예제도에 유사한 강제노역이나 도제시스템을 안중에 둔 것이었다." 바꾸어 말하자면 그것들은 링컨의 정당**이 만들어낸 작품이었다.

이러한 진실을 용감히 밝힌 또 다른 작가로 1961년 발간된 『북부의 노예제도: 1790~1860년간 자유주에 살던 검둥이들의 운명North of Slavery: The Negro in the Free States, 1790~1860』의 저자인 역사학자 리언 리트웍Leon Litwack이 있다. 이 책은 링컨 학자들도 잘 알고 있지만, 일반 대중의 호기심 어린 눈을 피해 꽁꽁 숨겨져 있다. "메이슨-딕슨 라인Mason-Dixon line***은 편리한 구분법이지

---

* 링컨이 암살되자 부통령이던 존슨(1808~1875)이 대통령의 지위를 승계했다.
** 그러나 입법을 주도한 존슨 대통령은 남부 출신의 민주당원이었다.
*** 대체로 펜실베니이아, 웨스트버지니아, 델라웨어, 메릴랜드 등 4개주와 북부의 주들 간의 경계선상을 따라 그어진 선 남부와 북부의 문화적 경계이자 노예제도의 경계선으로서의 상징적 의미를 지니고 있다.

만, 종종 지리적 구분에 오해를 불러일으킨다고 리트웍은 쓰고 있다." 대부분의 미국인들이 18세기와 19세기 "남부 백인들의 다른 인종에 대한 비인간성"과 "북부인들의 자비와 너그러움"을 대비해 구분하는 견해는 "현실과 전혀 일치하지 않는다..."는 것이다. 더욱이 "백인 우월주의와 흑인의 평등권 부인, 이 두 가지 모두에 강력한 지지를 보냈던 에이브러햄 링컨은 결국 가장 보편적인 미국인의 신념을 단순히 대변했을 뿐"이었다는 것이다. 리트웍이 지적한 대로, 대부분의 북부인들은 미국에서 모든 흑인을 자발성의 형식을 빌려 "식민"시키거나 강제로 추방하기를 원했던 것이다.

최근 뉴욕역사협회는 "뉴욕의 노예제도"라는 주제로 전시회(2005년 후반~2006년)를 열었다. 같은 시기에 같은 제목의 책이 출판되어 눈을 번쩍 뜨게 만드는 이야기로 전시회를 소개하고 있다. 책의 서문은 이렇게 시작한다.

> 악명 높은 흑인단속법은 북부주에서 연원해 공화당의 "재건" 정부에 의해 남부에서도 강제로 시행되었다.

> 거의 300여 년 동안 노예제도는 모든 뉴욕 사람들, 백인들, 흑인들의 삶에서 불가결한 일부였다... 17세기와 18세기의 한동안 뉴욕 시는 북아메리카 본토에서 다른 어느 도시보다도 더 많은, 가장 많은 도시 노예들이 살고 있던 곳이었다. 그 기간 동안 노예들은 도시 노동력의 4분의 1 이상을 구성했고, 아마도 그 외곽지역 노동자의 절반가량을 차지했을 것이다... 뉴욕 시에서는 1850년대까지도 노예를 찾아볼 수 있었다.

또한 2005년에도 『하트퍼드 쿠란트Hartford Courant』에 글을 기고하던 언론인 앤 패로Anne Farrow, 조엘 랭Joel Lang, 제니퍼 프랭크Jenifer Frank가 『공범자들: 북부인들이 노예제도를 조장, 연장하고 또 거기서 득을 본 이야기Complicity: How the North Promoted, Prolonged, and Profited from Slavery』를 출판했다. 그들은 수세기에

걸친 북부의 노예제도는 "대부분 수치스럽고 잘 감추어진 비밀"이었다고 쓰고 있다. 그들은 노예제도를 최초로 합법화한 곳이 사우스캐롤라이나가 아니라 매사추세츠라고 지적한다. 영국 식민지시대의 보스턴은 "사람의 몸뚱이를 사고파느라고 붐비는 항구"였다는 것이다. 로드아일랜드에서는 "대규모 토지소유자들이 카리브 해의 대규모 농장들에 식량을 제공하기 위해…많은 수의 노예를 사용했다"는 것이다.

로드아일랜드는 오랫동안 대서양을 건너오는 노예무역의 선구자였다. 비록 대서양을 건너오는 노예무역은 1808년에 불법화되었지만, 1860년과 그 이후에도 맨해튼 조선소에서는 아프리카에서 카리브 해 등지로 노예를 수송해오는 데 쓸 노예선을 계속해서 건조했다. 19세기에 "인종학"이라는 욕된 분야를 창시해 노예제도와 흑인의 예속을 정당화하는 데 이용하고자 한 것은 바로 하버드 대학교의 학자들이었다.

남북전쟁이 끝나고 수십 년이 지나서 코네티컷의 사업가들은 "상아제품의 생산을 위한 국제센터"를 운영하면서 "거의 2백만 명에 달하는 아프리카인들을…사실상 노예로 만들었다."

북부인들이 "그들의 초기 역사의 대부분을 가장 깊은 억압의 그늘 속으로 떠밀어 넣은 것"은 그리 놀랄 일이 아니다. 미국을 영웅적이고 자유를 사랑하는 북부와 사악한 남부로 양분하는 19세기 중반 뉴잉글랜드판 미국 역사는 "기껏해야 자기들 편한 대로 마구 적어대고 덧칠한 속기록에 불과"하다. 그러나 이런 것이 바로 미국의 어린 학생들이 배워온 역사로서 미국의 대중에게 도덕적으로 우월한 양키라는 신화를 주입시키고 있는 것이다.

5장
링컨의 라이베리아 커넥션

잡지 『에버니Ebony』의 편집인 레론 베넷 2세Lerone Bennett, Jr.는 그의 책 『억지 영광: 에이브러햄 링컨의 백색 망상Forced into Glory: Abraham Lincoln's White Dream』에서 링컨이 평생 "식민 정책"을 지지한 일에 대해 거세게 비난했다. 링컨은 흑인들을 미국이 아닌 다른 나라—즉 아프리카, 아이티, 중부아메리카—로 보내는 방안을 지지했기 때문이다.

링컨이 처음 선택한 곳은 서아프리카의 국가인 라이베리아였는데, 이는 미국식민협회가 흑인인 미국인들을 "식민"시킬 목적으로 구입한 땅에 1816년 건국한 나라였다. 그 협회의 설립자 중 한 명이며 결국 그 수장 자리에 오른 사람은 헨리 클레이Henry Clay*였는데, 링컨은 그를 "휘그당 강령의 아버지"로

---

* 19세기의 저명한 정치인, 연설가, 연방 상원과 하원의원 역임(1777~1852). 휘그당의 설립자로서 반대파와의 타협을 도출해내는 데 발군의 실력이 있었다.

떠받들면서 자기의 정치적인 역할 모델이라고 자인할 정도였다. 링컨은 자기가 섬기는 이 우상의 전철을 밟아 일리노이 주 식민협회의 위원 11명 중 한 명으로 취임했다.

대통령이 된 링컨은 식민 프로그램을 구체화하기 위한 노력을 되풀이한 끝에 마침내 이를 실행에 옮겼다. 1862년 그는 해방된 흑인 한 무리를 백악관으로 초청해 그들이 본보기로 이 나라를 떠나달라고 요청했다. 그들은 연방해외이민담당관 미첼J. Mitchell의 영접을 받았다. 링컨은 자신의 요청에 따라 연방의회가 "아프리카인의 후손들이 다른 나라에 식민하는 것을 도와줄 목적으로" 예산을 배정했다고 알려주었다. 이렇게 링컨 정권의 초기에 그는 궁극적으로 모든 흑인을 나라 밖으로 내보낼 계획을 실천에 옮기기 시작했던 것이다. 이것이 레론 베넷 2세가 링컨의 "백색 망상"이라고 불렀던 바로 그것이다.

> 링컨은 일리노이 주 내의 자유인인 모든 흑인을 추방할 것을 획책한 일리노이 주 식민협회의 운영위원이었다.

"당신들과 우리는 서로 다른 인종"이라고 링컨은 교활하게 말했다. "우리들 사이에는 다른 어떤 두 인종 간에 존재하는 차이보다 더 큰 차이가 있습니다…이런 신체적 차이는 우리 양쪽 모두에게 매우 큰 불편"이며, "최소한 우리가 서로 격리되어야 하는 이유가 됩니다… 그러므로 서로 격리되는 것이 우리 양쪽 모두에게 더 나은 일입니다."

그러고 나서 대통령은 라이베리아를 홍보했다. "라이베리아 식민지는 생긴 지 이미 꽤 오래되었습니다. 어떤 의미에서 그것은 성공입니다. 라이베리아의 늙은 대통령 로버츠Roberts는 처음 만났을 때부터 나의 편이었습니다. 그는 그 영역 내에 이미 30만 내지 40만 명의 사람들이 살고 있다고 말합니다… 그들이 모두 다 미국 출신의 [흑인] 이주자나 그 후손은 아닙니다. 미국 출신은 12,000명 미만입니다. 최초 정착자들은 많이 죽었지만, 다른 데서나 마찬가지로 죽은 이들의 수보다 더 많은 후손들이 불어났습니다."

이것은 결코 감지덕지할 만한 제안이 아니었다. 링컨의 논조는 그들이 만약 라이베리아로 가면 대부분은 몇 년 내에 죽을 것임을 예고하면서 다만 그들이 그동안 자식을 낳아 아마도 몇 십 년 후에는 그들의 후손이 훨씬 많아지리라는 뜻이었다. 프레더릭 더글러스가 링컨의 식민계획에 대해 조소를 보낸 것은 당연했고, 노예제 폐지론자인 윌리엄 로이드 개리슨William Lloyd Garrison은 "링컨의 혈관 속에는 단 한 방울의 노예제 반대의 피도 흐르지 않는다"라며 링컨을 비난했다. 해방된 흑인들의 대표단장인 E. M. 토머스는 링컨의 제안에 회답할 것을 약속했지만, 링컨이 회신을 받았다는 기록은 존재하지 않는다.

> 링컨은 해방된 흑인 대표단을 면담하면서 선례를 거론하며 라이베리아로의 이주를 권장했다.

링컨이 일과성으로 이런 공상의 나래를 폈던 것은 아니다. 1852년 7월 6일 링컨은 일리노이 주 스프링필드에서 행한 헨리 클레이에 대한 추모사에서, "아프리카의 자손들을 그 땅으로 돌려보내는 것은 도덕적으로 당연"하다며, 이는 아마도 "이 지구상에서 가장 불행한 지역에 내려지는 축복의 신호일 것"이라는 클레이의 말을 긍정적으로 인용했다. 그는 1854년 일리노이의 피오리아에서 행한 연설에서 미국의 흑인들을 라이베리아로 추방할 것을 최초로 제안했다. 링컨은 1857년 6월 26일, 드레드 스콧Dred Scott* 판결에 대한 언급을 하면서 여담으로 그가 왜 "식민"을 지지하는지에 대한 다른 이유를 내놓았다. "거의 모든 백인들의 마음속에는 흑인과 백인을 무분별하게 융합

---

* 흑인 노예(1795~1858)의 이름. 미주리 주의 노예였으나 자유주인 일리노이에 거주하게 됨에 따라 자유인이 되었다는 이유로 노예폐지론자들이 그에게 자유를 얻어주기 위한 소송을 걸었으나 패소했다.

하자는 견해에 대한 선천적인 혐오감이 있다…" 링컨은 성인이 된 이후의 생애 내내 그런 의견으로 일관했다. 그런 견해는 북부의 백인 대다수의 견해와 일치하는 것이었다.

대통령 재임기간 동안 링컨은 아이티에 미국 흑인들의 식민지를 세우기 위한 재원을 배정했지만, 식민지의 총독으로 뽑힌 부패한 사업가 버나드 코흐Bernard Koch는 배정받은 기금의 대부분을 횡령했다. 1864년 링컨은 마침내 아이티에의 식민 실험은 실패했다고 결론짓고, 육군성에 아이티에 이주한 흑인들을 미국으로 귀환시키라고 지시*했다.

심지어 링컨은 미국의 흑인들을 파나마의 탄광인부로 만들어볼 생각도 했다. 파나마에서 막대한 석탄매장량이 발견되자 그곳에 흑인들을 식민시키는 데 필요한 토지를 사들일 재원이 배정되었다. 정부는 대륙횡단철도에 재정적 지원을 할 계획을 가지고 있었으므로 기차의 연료로 쓰일 많은 양의 석탄이 필요했고, 그러기 위해서는 충분한 양의 광물을 캐내기 위해 뼈 빠지게 일할 다수의 노동력이 요구되었던 것이다. 해방된 흑인들과 라이베리아에 관해 대화했던 바로 그 백악관 모임에서 링컨은 그들에게 만약 라이베리아가 마음에 들지 않으면, 남아메리카에 식민할 토지를 값싸게 그리고 얼마든지 구입해줄 수 있다고도 말했다.

20세기 초 파나마 운하가 건설되던 당시만 해도 파나마는 말라리아의 소굴이었다. 1860년에 그곳에 "식민"한다는 것은 정착자들에게 죽음을 의미하는 일이었다. 해방 흑인들의 대표단은 링컨의 제안을 정중히 거절했지만, 사학자 웨브 개리슨에 따르면 대통령은 그의 말년에 이르기까지 끈질기게 식민 프로그램을 구상하고 계획했던 것이다.

---

* 링컨이 진정한 인종주의자라면 굳이 귀환에까지 신경을 써준 것도 의외이다.

6장

링컨을 혐오한 노예폐지론자

북부의 "거국일치 national unity" 신화는 링컨과 남북전쟁을 둘러싼 가장 거창한 신화 중 하나이다. 그 진실은 다음과 같다. 북부에서는 수많은 이의제기와 정치적인 반대가 있었다. 링컨 정부는 이런 이의제기를 억압하기 위하여 다양한 전술을 동원했다. 몇 가지만 예를 들어보더라도 그 진상이 드러난다. 링컨 정부는 반대편에 선 300여 신문을 폐간시키고, 인신보호영장제를 정지시켰으며, 수만 명의 정적을 투옥하고, 가장 노골적 비판자인 민주당 소속의 오하이오 주의회 의원 클레멘트 벌랜디검을 추방했으며, 전보를 검열하고, 재판관들을 협박했으며, 병사들을 강제징집하고, 수천 명의 외래 이민자들을 모집해 전쟁에 내보내고, 북부에서 부정선거를 치렀다. 링컨이 이런 은밀한 조치에 의존했다는 것은 북부에도 그의 정권에 대한 수많은 반대 세력이 실제로 존재했음을 증명하는 것이며, 이는 북부가 전쟁 노력과 관련해 "일치단결"되어 있지 못했음을 의미한다. 이러한 독재자다운 노력에도 불구하고 그는 1864년 북부의 일반투표* 중 55퍼센트의 지지밖에 얻지 못했다.

링컨 정권에 대한 극적인 비판은 매사추세츠 주 출신의 저명한 노예폐지론자이자 철학자이며 법학자인 리샌더 스푸너(Lysander Spooner, 1808~1887)로부터 나왔다. 스푸너와 그의 가족은 전쟁이 일어나기 수십 년 전부터 노예폐지론을 견지해왔다. 1845년 그는 『노예제도의 위헌성 The Unconstitutionality of Slavery』을 출간해 순식간에 노예폐지운동의 영웅이 되었다. 이 책은 노예제도가 위헌적이므로, (링컨이 강력하게 지지했던) 도망노예법을 배심원들이 무효로 선언해야 한다는 제법 강력한 논리를 제시하면서 노예폐지론자들에게 남부에서 노예들의 반란을 원조하고 재정 지원할 것을 촉구했다. 스푸너는 버지니아 주지사 헨리 와이스 Henry Wise를 납치해 존 브라운 John Brown**과 교환할 인질로 삼는다는 계획까지 수립할 정도였다.

> 뉴잉글랜드 노예해방운동의 영웅인 리샌더 스푸너는 링컨과 그의 정부를 싸잡아 혐오했다.

오늘날 자유주의자들은 스푸너를 그들의 영웅이자 우상으로 여기고 있다. 『리샌더 스푸너 독본 The Lysander Spooner Reader』의 서문에서 역사가 겸 철학자 조지 스미스 George H. Smith는 스푸너를 "19세기(혹은 다른 어느 세기라도 통틀어서)의 가장 위대한 자유주의 이론가 중 한 사람"으로 묘사하고 있다. 스푸너의 "정부에 대한 경멸은 스스로의 원칙을 버리고 타협에 응한 동료 자유주의자들에 대한 경멸과 함께 하늘을 찔렀다." 스푸너는 단순한 자유주의 이론가가 아니었다. 그는 정

---

* 링컨이 연임을 위해 출마한 대통령 선거전에서 유권자인 국민이 선거인단을 뽑는 투표.
** 폭력에 의한 노예해방운동을 지지한 극렬한 백인 노예해방론자(1800~1859). 1859년 웨스트버지니아에서 7명을 살해하고 연방군 무기고를 점령해 흑인노예들을 무장시키려 했으나 실패하고 체포되어 교수형에 처해졌다.

부가 부조리하게 우편을 독점해 대중을 착취한다고 믿은 나머지 보다 싼 가격에 제공하는 상용 우편배달 서비스를 창시하기조차 했다.

　스푸너는 공화당 정권 및 특히 링컨에 대한 격렬하고 영향력 있는 반대자였다. 스푸너의 『논집Collected Papers』에는 그가 1860년 1월 22일 뉴욕의 윌리엄 슈어드William Seward에게 보낸 편지도 포함되어 있다. 슈어드는 나중에 링컨 행정부에서 국무장관이 되었고, 수천 명의 정적을 검거하고 투옥하는 비밀경찰부대의 책임자가 된 인물이다. 다른 공화당원들처럼 슈어드도 그 이전의 10년의 기간을 자칭 인간 자유의 위대한 수호자로 스스로를 뻥튀기하는 연설을 하는 데 소모해왔다.

　그 정치적 수사와는 정반대로 행하는 슈어드의 행동을 지켜본 끝에 스푸너는 슈어드가 사기꾼이자 위선자라고 믿게 되었다. 그가 슈어드에게 쓴 편지는 극도로 선동적인 문장으로 시작해 "자유에 대한 귀하의 불성실함을 보여주는 증거"를 나열하고 나서, "노예제도를 그대로 두고서도 자유를 얻도록 도와줄 수 있다고 공언하는 체이스Chase, 섬너Sumner, 윌슨Wilson, 헤일Hale과 같은 공화당의 제수이트파다운Jesuitical("교활하고 모호한 말을 쓰는 사람"이라는 의미이다) 지도자들의 계획을 결사저지"하겠다고 다짐하는 말로 이어진다.

　스푸너가 공화당 패거리는 전부 위선자와 불한당들의 모임이라고 믿은 이유는 그들이 겉으로는 노예제도에 반대하는 언어를 구사하면서도 헌법 개정을 통해 남부의 노예제도를 영구히 고착시키려고 획책했기 때문이었다. 소위 링컨 학자들은 링컨이 첫 번째 취임연설에서 연방정부로 하여금 남부의 노예제도에 절대로 간섭하지 못하도록 하는 내용의 1861년 헌법수정안을 지지하는 목소리를 냈을 뿐만 아니라 그 수정안은 바로 링컨의 아이디어였음을 너무나 잘 알고들 있다. 하나만 예를 든다면 도리스 컨즈 굿윈Doris

Kearns Goodwin은 그녀가 쓴 링컨의 전기 『경쟁과 야합Team of Rivals』에서 이 모든 야비한 일들에 대해 이야기하고 있다.

링컨은 선출되자마자 취임 전에 "슈어드에게 [헌법수정안이] 스프링필드에서 나왔다는 사실을 알리지 말고 연방 상원 13인위원회에 제출할 것을 지시"했다. 링컨은 슈어드에게 "연방헌법은 연방의회에게 각 주의 노예제도를 폐지하거나 간섭할 수 있는 권한을 부여하는 방향으로 변경될 수 없다"는 내용의 헌법수정안을 통과시키는 절차를 개시할 것을 지시했다. 또한 링컨은 슈어드에게 당시 몇몇 북부 주에 존재하고 있던 다양한 "개인의 자유에 관한 법률들"을 불법화하는 법을 의회에서 통과시키도록 지시했다(그런 주법들은 북부인들이 도망친 노예들을 체포하도록 명하고 있는 연방도망노예법을 무효화시키고 있었다).

굿원은 슈어드가 보스턴의 청중들 앞에서 이러한 결정을 공표했을 때, "우레와 같은 박수갈채"를 받았다고 쓰고 있다. 그러자 링컨은 슈어드가 일을 잘 처리했다며 개인적으로 그를 칭찬하는 메시지를 보냈다.

> 이 저명한 매사추세츠 주의 노예해방론자는 링컨 정권을 "거짓말쟁이와 위선자"의 집단이라고 규정했다.

그리하여 그들이 부르짖은 "자유"와 "노예제 반대"의 모든 수사에도 불구하고 스푸너가 보기에 이런 부류의 행동은 이들이 극악무도한 거짓말쟁이이자 불법의 묵인자이며 가장 악질적인 정치사기꾼들임을 증명하는 것이었다. 스푸너는 그들이 "자유와 노예제라는 두 마리의 말에 올라타 권력을 움켜쥐려" 획책한다며 비난했다. 그는 슈어드에게 보낸 편지에서 이 미래의 국무장관과 나머지 저명한 공화당원 모두를 "이중인격의 선동가들"이라고 불렀다.

15년 전에 출간된 『노예제도의 위헌성』은 인쇄물을 통해서나 대중 앞에서 논박을 당하지 않았다. 스푸너는 슈어드에게 바로 이 점을 상기시키면서 미시시피 주 출신 상원의원 브라운Brown이 스푸너의 주장은 반박할 수 없는 것이라고 공개적으로 시인한 반면, "자유"의 수호자임을 자칭하는 그(슈어드)는 그렇지 "못함"을 지적했다. "이렇게 미시시피 출신의 공공연한 노예제 옹호자는 뉴욕에서 온 자칭 자유의 수호자보다도 훨씬 더 헌법의 노예제 반대적 성격을 사실상 시인하고 있는 것이오…"

스푸너는 슈어드에게 보내는 편지—둘 사이에서 오간 여러 편지들 중 하나—에서 그들 간의 모든 서신교환을 비밀로 간직하고 싶어하는 슈어드의 희망과는 정반대로, 이것들을 대중에게 공개할 생각이라고 일방통고하고 있다. 이렇게 하면 "귀하와 공화당원들을 패배시키겠다는 목적 달성에 도움을 줄 터"로서 "그때서야 나는 만족하게 될 것"이라는 스푸너의 의도에 도움을 주었을지도 모른다.

2년 후—그리고 전쟁으로 수만 명이 죽어가는 것을 보고 나서—스푸너는 또 다른 공화당의 유력인사인 매사추세츠 출신 상원의원 찰스 섬너Charles Sumner에게 분노의 초점을 맞추었다. 그는 노예제도의 위헌성에 관한 스푸너의 주장이 옳다고 공개적으로 인정한 것으로 알려져 있었다. "그러면 도대체 왜 당신은 그 입장을 취하지 않는 것인가?", 이 상원의원에게 보내는 편지에서 그는 다그쳤다. 링컨이나 슈어드와 같은 사람들처럼 섬너는 단지 관념적으로만 노예제를 "반대"했을 뿐, 현실적으로는 그렇지 않았다. 따라서 스푸너는 "지난 10여 년 동안 귀하는 자유를 열망하는 양 꾸미는 가식만을 내세웠으나, 실은 그 기간 내내 귀하는 헌법과 자유와 진실에 대해 고의로 거짓말을 해댄 반역자"였다고 썼다. 그래서 그는 섬너를 미국 헌법에 대한 "반역자"라고 규정했다.

스푸너는 이 나라의 지도적 정치인들이 노예제도를 위헌이라고 공론화한

> 스푸너는 북부가 "자유와 정의"를 위해서가 아니라 "(남부) 시장의 지배"를 위해 싸웠다고 확신했다.

다면, 국제여론은 제퍼슨 데이비스Jefferson Davis*나 로버트 리Robert E. Lee**(리 장군은 노예제를 "도덕적·정치적 죄악"이라고 자인했으며, 그의 부인이 상속한 노예들을 해방시켜주었다) 장군과 같은 존경받는 남부의 지도자들을 압박해 19세기에 이미 영국, 스페인, 네덜란드, 프랑스, 덴마크 등이 실천에 옮긴 것처럼 노예제를 평화롭게 종식시키도록 작용할 수 있을 것이라고 믿었다. 다음은 섬너에게 보내는 편지에서 그가 직접 했던 말이다:

만약 북부에서 이런 사상(즉 노예제도의 위헌성)이 옳다고 믿는 사람들이 모두 나서서 그들의 간단하고도 당연한 의무에 따라 이를 널리 전파했다면, 한 방울의 피도 흘리지 않고서도 진작 자유를 실현할 수 있었을 것이며…, 남부는 헌법과 전 세계의 도덕적 정서가 요구하는 대로 노예제도를 진작 영예롭게 갈등 없이 포기했을 것이다…귀하 및 귀하와 같은 사람들은 귀하들의 능력을 악용해 이 세상의 그 누구보다도 노예제를 평화적으로 폐지하는 것을 방해하는 데 앞장서왔다.

스푸너는 여기서 끝내지 않았다. 그는 계속해서 "자유에 대한 당신들의 거짓 열망을 통해, 당신들은 인간의 삶을 가장 무섭게 파괴하도록 이 나라를 몰아가고 있으며", 그래서 "해가 갈수록 당신들은 당신들이 지키겠다며 맹세했던 바로 그 자유의 성채를 저버렸다"며 비난했다. "이에 비견될 수 있는 반역은 일찍이 없었다"는 것이었다.

이제 그것은 "권력에 대해 진리를 갈파함"을 의미한다. 조지 스미스가 『리

---

* 남북전쟁 당시 남부연맹의 대통령.
** 남북전쟁 당시 남군의 총사령관.

샌더 스푸너 독본』의 서문에서 썼듯이, "스푸너는 남부의 연방이탈권을 옹호한 나머지 급진적인 노예폐지론자들 가운데서도 매우 고립된 상태였다"는 것이다. 스푸너에게 연방이탈권은 "미국 독립전쟁에서 체현된 권리"였다. 독립전쟁은 무엇보다도 대영제국으로부터 독립 내지 이탈하기 위한 전쟁이었기 때문이다.

1870년에 출간된 그의 에세이 "반역은 없다"에서 스푸너는 슈어드, 섬너, 링컨과 공화당 정권 전체에 대한 자신의 견해가 결코 바뀌지 않았음을 보여주고 있다. 그는 전쟁이 "순전히 금전적인 이유 때문에 발발"했으며, 도덕적인 이유로 인해 발발한 것은 전혀 아니었다고 주장했다. 그는 공화당의 경제적 기반인 북부의 은행가, 제조업자, 철도회사들은 "전쟁이 일어나기 훨씬 전부터 정부를 자유와 정의라는 목적에서 이탈시킴으로써…노예소유주들의 자발적 공범"이 된 자들로서 "피 묻은 돈을 빌려주는 대금업자"들이라고 명명했다. 결국 대서양을 건너오는 노예무역과 노예들이 생산해내는 값싼 솜으로부터 한껏 이익을 볼 수 있다는 이해관계가 바로 전쟁의 원인이었다는 것이다.

스푸너가 보기에 전쟁 당시 링컨 정부에 수백만 달러의 자금을 대준 북부의 재정지원자들은 "자유와 정의를 사랑"했기 때문이 아니라, "혹독한" 관세를 통해 "(남부의) 시장을 지배"하기 위해서였다. "피 묻은 돈을 빌려주는 고리대금업자"들이 남부인들에게 하는 말투를 쓰면서 그는 이렇게 조롱했다. "만약 너희들(남부)이 대가(높은 관세)를 우리에게 지불하지 않는다면…우리는 너희들의 노예가 너희들에게 저항하는 것을 돕고 너희들에 대한 지배권과 시장에 대한 지배력을 계속 보유하기 위한 도구로 그들을 활용함으로써 대등한 대가를 보장받을 것이다(또한 너희들의 시장에 대한 우리의 지배력을 계속 유지할 것이다)…"

스푸너는 지적하기를, 링컨의 전쟁수행기구들에게 자금을 지원해준 대가로 "이들 채권자들은 훨씬 많은 금액—아마도 두 배, 세 배 또는 네 배까지도—을 받게 될 것이다. 수입품에 대한 높은 관세에 의해 내국의 제조업자들에게는 그들의 상품에 높은 가격을 매길 수 있게 해주었고, 은행에게는 독점을 허용함으로써 북부 사람들 대부분의 산업과 거래를 지배해 이들을 노예화하고 착취할 수 있게 해주었다"는 것이다. 전쟁은 결국 북부와 남부에서 모든 미국인들을 "산업과 상업의 노예"로 만들었다는 것이다. 스푸너는 전쟁기간 중 수입품에 대한 평균 관세율이 (전쟁 전의 15% 수준에서) 거의 50%까지 인상되었고 그 후 50년간 그 수준을 유지했다는 사실을 분명히 지적하고 있는 것이다.

스푸너는 그랜트 장군을 "남북전쟁의 백정두목"이라고 명명했다

그랜트 장군Ulysses S. Grant에 대해 언급하면서 스푸너는 공화당을 지배하는 북부의 기업가들이 "그들의 칼"을 당시 위선적이게도 "평화를 정착시키자"고 떠벌이던 "전쟁의 도살자 두목의 손에 쥐어주었다"고 지적했다. 그랜트 장군은 참호를 파고 들어앉아 효율적으로 북군을 무수히 죽여대던 로버트 리 장군의 북부 버지니아 군의 진영을 향해 휘하 부대원들을 마구 몰아댄 무모함으로 잘 알려져 있다. 남북전쟁은 "소모전"으로 알려졌는데, 이는 그랜트가 남부의 군인들보다 더 많은 수의 군인을 몇 차례라도 징집할 수 있어 그에게는 그의 병사들의 목숨이 상대적으로 "저렴"했음을 의미하는 것이다. 그는 승리를 위해서라면 수만 명을 죽음으로 몰아넣을 용의가 있었다. 이는 인구밀도가 훨씬 낮은 남부로서는 결코 흉내낼 수 없는 일이었다.

스푸너는 그랜트 같은 "도살자들"의 손에 30만 명(남부 인구의 3퍼센트에 해당한다)이 죽음을 당한 남부 분리주의자들의 궤멸은 곧 "우리가 너희들에게 가하는 모든 강도질과 노예화를 조용히 받아들이면 너희들은 평화를 얻을 수 있다"는 의미라고 해석했다.

"연방을 수호"하고 "노예제도를 폐지"한다는 공화당의 수사는 허황된 구호였다. "노예제도를 폐지"한다는 명분이 전쟁의 동기였다거나 전쟁을 합리화시켜준다는 수작은 "국가의 존엄성을 유지"한다는 허울처럼 같은 성격의 사기극일 뿐이라고 스푸너는 썼다. 또한 그는 링컨이 노예해방선언을 하면서 사용했던 바로 그 단어("전쟁수행을 위한 조치")를 사용해, 공화당은 "흑인들을 위한 정의로운 행위로서 노예제도를 종식시킨 것이 아니라 단지 전쟁 수행상의 조치로서 그렇게 했을 뿐"이라고 썼다. 그들이 "정치적, 상업적, 산업적 노예제도를 유지하고 강화시키기 위해 벌인 전쟁을 수행하기 위해서는…그들[흑인들]의 도움이 필요"했기 때문에 그렇게 한 것뿐이라는 말이었다.

스푸너는 만약 공화당원들이 노예제도를 폐지하는 것 외에 다른 것은 전혀 원하지 않았다면, 그것을 실행하는 방법은 이미 마련되어 있었다고 판단했다. 즉, 다른 문명세계의 선례를 좇아 노예소유주에게 보상해주는 조건의 방안으로써도 노예제도를 충분히 평화적으로 종식시킬 수 있었다는 것이다. 링컨은 실제로 그러한 계획을 얘기했지만, 그 자신의 전설적인 정치적 수완에도 불구하고 그것을 성공시키지는 못했다.

매사추세츠의 노예폐지론자들 역시 링컨이 게티즈버그에서 "동의에 기초한 정부"의 원칙에 따라 전쟁을 수행했다며 행한 연설을 부조리한 주장이라며 비난했다. 실제로는 링컨이 옹호한 "동의"란 "모두 동의해야 한다. 아니면 쏴죽이겠다"는 협박에 의해서 얻은 것이었다. 이는 "전쟁을 수행함에

> 이 위대한 노예해방론자는 노예제도의 폐지는 결코 남북전쟁의 진짜 이유가 아니었다고 주장했다.

6장 링컨을 혐오한 노예폐지론자 **65**

있어 지배적인" 개념이었다. 이렇게 "노예제도를 폐지"했다느니, 나라를 구했다느니, 연방을 수호했다느니, 합의에 기초한 정부를 세웠다느니, 국가의 존엄성을 유지했다느니, 하는 모든 떠벌림은 야비하고 뻔뻔스러우며 속이 뻔히 들여다보이는 속임수였다.

월트 휘트먼Walt Whitman은 스푸너의 의견에 동조했지만, 어떤 면에서는 더 나아갔다. 『리샌더 스푸너 독본』에서 조지 스미스George H. Smith는 휘트먼의 다음과 같은 말을 인용했다. "전쟁은 미국인에게 나라를 가지고 장난쳐서는 안 된다는 것을 가르쳐주었다." 이는 즉, 미합중국 정부의 로고가 이제는 "우리 명령에 동의하라, 안 그러면 쏘겠다"로 되었음을 의미한다. 뉴잉글랜드의 성직자들은 한 술 더 떠서 링컨과 미국이라는 나라를 성역화했다. 스미스는 유니태리언파 성직자 헨리 벨로스Henry Bellows가 전쟁이 끝난 후에 행한 다음의 발언을 인용하고 있다. "국가는 온 국민의 권리, 특권, 명예, 생명을 집대성한 참으로 신성한 몸이다."

이런 형태의 사고방식은 생명, 자유, 재산에 대한 인간의 권리는 남에게 양도할 수 없는 것이며, 신에게서 부여받은 것이지 어떤 국가로부터도 전수받는 것도 아님을 확신한 건국의 아버지들이 지녔던 "자연권" 철학에 정면으로 반하는 것이다. 벨로스와 같은 성직자들은 종교를 빙자해 연방정부를 이끄는 정치인들을 모든 인간의 권리의 근원인 신의 자리에 앉혀야 한다고 주장한 셈이다.

이렇게 정부를 글자 그대로 신격화하는 것은 한 걸음 더 나아가서 전쟁 후 정부 권력이 눈부시게 강화되는 데 일조했으나, 이를 모두 예견한 스푸너에게는 너무도 당연한 귀결이었던 것이다.

7장
주권州權의 진실

에이브러햄 링컨은 첫 번째 임기 중에 연방은 각 주보다 우선하며, 따라서 주권州權은 존재하지 않는다는 불합리한 주장을 폈다. 이런 거짓된 주장은 링컨 신봉자들과 군국주의 및 행정 권력의 옹호자들에 의해 여러 세대에 걸쳐 끊임없이 되풀이되었다. 진실을 말하자면, 나라를 일으킨 세대에게는 주의 통치권, 주의 권리 또는 연방주의* 등의 이름으로 다양하게 불렸던 이념이 아마도 미국 시민의 자유를 보장하는 가장 중요한 장치였을 것이다.

제퍼슨으로부터 칼훈John. C. Calhoun**을 거쳐 제퍼슨 데이비스Jefferson Davis

* "연맹federal"적인 성격과 "단일국가national"적인 성격이 합성되어 독자적인 형태로 발전된 정치체제가 "연방주의federalism"로 불리게 된 것은 20세기 이후로서 그 이전 시대의 "federalism"은 "연방주의"가 아닌 '연맹주의'로 번역하는 것이 타당하다는 견해가 있다. 이에 의하면 19세기 이전의 "federalism"은 연방은 주들의 느슨한 연합체로서 결코 단일국가가 아니라고 보는 견해이다.
** 남부 출신의 저명한 정치인(1782~1850). 제7대 부통령. 연방 상원의원 및 하원의원, 국방장관, 국무장관 역임. 노예제도와 주권州權의 옹호자였다.

에 이르기까지 남부인들은 자유를 수호하기 위해 주의 권리를 옹호해온 것으로 잘 알려져 있지만, 북부에서도 1865년까지는 주권州權의 전통이 정치적으로 강력한 영향력을 행사해왔다는 사실은 잘 알려져 있지 않다. 딘 스프레이그Dean Sprague가 『링컨 치하에서의 자유Freedom Under Lincoln』에서 쓴 바와 같이 "1860년 이전에는 북부에서도 남부와 마찬가지로 중요한 신념을 구성하고 있던 주의 권리"가 링컨의 전쟁으로 인해 "전복"된 것이었다.

건국의 아버지들은 동의에 기초한 정부를 만들려면 연방정부와 주 간에 갈등이 있을 경우 주의 주권主權에 맡겨야 한다는 점을 잘 알고 있었다. 뉴잉글랜드인들이 뉴잉글랜드의 해운산업에 극심한 타격을 주는 토머스 제퍼슨 대통령의 무역봉쇄조치에 대해 어떻게 대응했는지가 그 좋은 예이다.

제퍼슨 대통령은 영국과 프랑스 간의 분쟁 결과로 영국이 미국 선박 몇 척을 몰수하자 자신이 아는 유일한 방법으로 대응했다. 1807년 12월 22일 그는 전면적인 금수조치embargo를 발령*했다. 해상운송에 크게 의존하고 있던 뉴잉글랜드의 경제는 이 조치로 인해 큰 타격을 받았다. 뉴잉글랜드 주는 각 주의 시민들이 연방법을 무효화하거나 또는 그 집행을 거부할 수 있다는 원칙을 공표한 제퍼슨의 그 유명한 1798년의 켄터키결의안Kentucky Resolve**을 인용해 금수조치를 공식적으로 "무효화"했다. 제퍼슨 및 당시의 뉴잉글랜드인들에게는 주의 시민은 전적으로 대통령, 의회, 대법원과 동등한 권리를 지니고, 연방법의 헌법 합치의 여부를 판단하고, 연방 법률을 준수할 것인지의

---

* 연방의회를 통과한 법률에 따른 조치로서 영국 선박의 축출, 특별허가 없는 미국 선박의 해외항구기항 금지, 해외취항선박의 담보제공 등을 명해 실질적으로는 무역을 금지하는 내용이었다.

** 1798년 미국이 곧 프랑스와의 전쟁에 돌입할 것이라고 믿은 연방주의자들의 주도 하에 외국인의 권리를 제한하고 언론의 자유를 제한하는 등 "연방 외국인 및 난동금지법Alien and Sedition Act"이 통과되자 제퍼슨주의자들과 공화당원들이 이에 대한 반대의 의사표시로 같은 해 켄터키 주의회의 명의로 통과시킨 결의안. 이 결의안은 당시 부통령이던 제퍼슨이 비밀리에 기초했는데 연방헌법 제10조에 따르면 연방정부의 권한은 결코 무제한일 수 없다는 것이 그 주요 논거였다.

여부를 스스로 결정할 수 있는 당당한 존재였다.

1809년 2월 5일 매사추세츠의 상원과 하원은 모두 금수법이 "부당하고, 압제적이며 위헌적"이라면서 "이 주가 주권과 독립을 유지하는 한 모든

> 공화국의 시초부터 주의 주권主權은 북부와 남부가 모두 한목소리로 지지한 미국의 통치원리였다.

시민은 주 정부의 강력한 품 안에서 불법과 부정으로부터 보호를 받을 수 있다"며 이를 무효화해버렸다. 매사추세츠 주의회는 "금수조치가 주의 시민들을 합법적으로 구속하지 못한다"고 선언했다.

코네티컷 주 역시 연방금수법을 "미합중국 헌법에 합치하지 않으며, 주의 특권을 침해"하는 것이라며 무시해버렸다. 코네티컷 주의회는 주정부의 모든 공무원에게 "당해 연방법률의 집행과 관련해 어떠한 공식적인 원조나 협조"도 거부할 것을 지시했다.

로드아일랜드의 주의회는 "찬탈적이고 위헌적인 권력이 가하는 파멸적 피해로부터 (시민들을) 보호할 목적으로 개입"하는 것은 의회의 임무라고 선언했다. 뉴잉글랜드 전체에 델라웨어 주까지 가세해, 제퍼슨 스스로가 주의 권리에 대해 천명한 1798년의 켄터키 결의안의 정신에 비추어 볼 때 연방의 금수조치는 주의 권리를 위헌적으로 찬탈한 것이라고 비난하며 이를 공식적으로 무효화시켜버렸다. 이렇게 주가 연방법을 무효화하는 일은 미국에서 주권州權 전통의 본질적인 부분을 이루고 있으며, 또 1861년 이전에는 남부에서만큼은 못하지만, 북부에서도 활용되었던 것이다.

1812년 영미전쟁이 발발하자 뉴잉글랜드 연방주의자들은 이를 제퍼슨의 반대당인 민주공화당Democratic-Republican Party과 영국 간의 분쟁에 불과한 것이며, (영국과의 통상에 주로 의존하고 있던) 자기들의 지역은 관계가 없다고 보았다. 이에 따라 주는 제임스 매디슨James Madison 대통령의 요청에도 불구

하고 민병대의 파견을 거부했다. 코네티컷 주의회는 다음과 같은 성명을 발표했는데, 이는 존 칼훈이 후일 북부의 보호무역주의자들에 대항해 남부의 자유무역을 옹호하기 위해 내세웠던 주권州權 철학의 전형적인 사례이다.

그러나 코네티컷 주가 자유주권국가이며 독립한 국가라는 점과 미합중국은 국가연합에 불과할 뿐이지 통일된 공화국이 아님을 잊어서는 안 된다. 이 주의 주지사는 "미합중국의 헌법을 수호"해야 하듯이 또한 "주권主權을 지닌 자유롭고 독립한 주州로서의 합법적 권리와 그에 따른 특권을 지킬" 숭고하고 엄숙한 의무를 지고 있다. 그리고 후자를 수호할 의무는 또한 전자를 수호할 추가적인 의무를 부과한다. 건물은 그것이 얹혀 있는 기둥이 손상되거나 파괴되면 지탱하지 못하는 법이다.

이 선언은, 각 주는 독립된 주권국이 아니라는 링컨의 첫 번째 취임연설에서의 주장이 억지임을 입증한다. 각 주는 틀림없이 독립된 주권국이었던 것이다. 이것은 건국의 아버지들은 물론, 그 후로도 수십 년간 정치가들에 의해 그렇게 신봉되어왔다. 토머스 제퍼슨 대통령뿐만 아니라 그 후계자인 매디슨 대통령도 자신들의 정치적 지시에 각 주가 복종하도록 강요하기 위해 군사력을 사용할 권한은 없다고 믿었다. 실제로 그들이 마음속에서라도 그런 생각을 해보았을 가능성조차 전혀 없다.

금수조치, 1812년의 영미전쟁 및 1803년의 루이지애나 매입이라는 사태에 직면해 뉴잉글랜드인들은 이 세 가지 사건이 정치적, 경제적으로 뉴잉글랜드에 해롭다고 판단한 나머지 19세기 초의 처음 10년의 기간 대부분을 연방을 이탈할 생각에 골몰했다(뉴잉글랜드인들은 루이지애나 매입의 결과로 "외국인들이 떼거리로" 미국 시민이 되는 것에 반대했다). 코네티컷의 주지사 그리스월드Griswold가 공표한 대로, "현 연방정권 하에서의 권력 균형은 명백히 남부 주들에게 유리한 방향으로 기울어가고 있다…남부 주들의 광대한 면적과 급속히 증가하는 인구로 볼 때, 그들이 현재 점하고 있는 우위가 더욱 공고해질 것이다…(뉴잉글랜드인들은) 정부 예산의 주요한 부분을 담당"하고 있으면서도 그에 상응하는 혜택을 받지 못하고 있다는 것이었다.

뉴잉글랜드 분리운동은 매사추세츠 상원의원 티머시 피커링Timothy Pickering이 주도했다. 피커링은 조지 워싱턴 장군의 부관으로 일했고, 후에는 조지 워싱턴 대통령의 국무장관 및 국방장관으로 일했으며, 후임 존 애덤스John Adams 대통령 밑에서도 국무장관의 직위를 유지했다. 연방 이탈은 미국 독립전쟁의 "진정한" 대원칙이었다고 주장하면서, 그는 "나는 부패한 자들과 남부의 귀족주의적인 민주당원들의 부패하고 타락한 영향력으로부터 벗어난 새로운 국가연합체를 기대"한다고 말했다.

1814년 뉴잉글랜드의 분리주의자들은 코네티컷 주 하트퍼드에서 집회를 열어 논의한 끝에 연방을 이탈하지 않기로 결의하기는 했지만, 그것은 그들이 연방 이탈의 권리나 각 주가 독립한 주권국이라는 사실에 의문을 제기했기 때문이 아니라, 단지 그런 운동의 경제적, 정치적 실용성에 의문을 제기한 것에 불과했다.

북부의 주들은 또한 앤드루 잭슨Andrew Jackson 대통령*이 미합중국 국립은행**을 저지하는 데 상당한 도움을 주었다. 후에 링컨이 그의 전 정치 생애에

---

* 제7대 잭슨 대통령은 모든 백인 성년자들에게 선거권을 부여하고, 영토를 태평양 연안까지 확장하며, 엽관제를 적극 지지하고(한 자리에 한 사람이 오래 앉아 있으면 필연적으로 부패한다는 철칙 때문에 엽관제를 떳떳이 지지했다), 의회에 대한 대통령의 우위, 자유방임 경제(예컨대 제2국립은행 반대)를 지지했다. 이를 "잭슨식 민주주의"라고 부르는데 주목할 것은 잭슨이 "보통사람common-men"에게 정치 참여의 기회를 넓혀줌으로써 비록 부작용도 있었지만 미국의 대중민주주의에 기여했다는 점이다

** 미연방 재무부에 의해 설립인가되는 은행. 이에 반해 "주은행State Bank"은 주에 의해 설립인가된다. "미합중국 제1은행"과 "미합중국 제2은행"이 국립은행에 해당했다. "중앙은행Central Bank" 또는 "연방은행Federal Bank"이라고도 부른다.

> 뉴잉글랜드는 1814년 하트퍼드에서 실제로 연방 이탈을 위한 회의를 개최할 정도로 연방을 이탈하겠다고 심각하게 위협한 최초의 지역이었다.

걸쳐서 지지하게 되는 이 국립은행은 부패하고 정치색 짙은 것으로 악명이 높았다. 마침내 상당수의 주들이 과세의 방법으로 이 은행을 없애버리고자 시도했다. 오하이오 주의회는 주내에서 영업 중인 국립은행의 두 지점에게 한 지점당 연간 5만 달러의 세금을 부과하는 법률을 제정했다. 국립은행은 납세를 거부했고, 연방대법원장 존 마셜John Marshall 대법관은 국립은행의 편을 들었다. 그러나 오하이오 주는 마셜의 결정을 그의 개인적 의견 정도로나 여겼으며, 연방법원이라고 해서 당연히 각 주의 의회보다 더 권위가 있다고 인정해주지도 않았다. 켄터키 결의안 및 이와 거의 동일한 내용으로 제임스 매디슨이 주도한 1798년 버지니아결의안을 명시적으로 인용하면서, 오하이오 주의회는 "각 주는 연방과 대등하게 스스로도 연방헌법을 해석할 수 있는 권리를 지니고 있다"고 선언했다. 오하이오 주가 이렇게 국립은행에 대한 "주법에 의한 보호와 협조"를 철회하자 켄터키, 테네시, 코네티컷, 사우스캐롤라이나, 뉴욕, 뉴햄프셔도 그 뒤를 따랐다.

인디애나와 일리노이 주는 이미 1816년에 일찌감치 각기 주헌법을 수정해 국립은행이 주의 관할구역 내에 지점을 설립하지 못하도록 금지했다. 메릴랜드주도 이와 같이 하자 연방정부는 주법원에 소송을 제기했는데 이것이 매컬록 대 메릴랜드 주McCulloch V. Maryland 사건*이다. 그런 세금이 연방은행을 파멸시킬 수 있음을 잘 알고 있던 존 마셜 대법원장은 "과세권은 파괴권이기도 하다"라는 유명한 문구를 곁들여 연방은행의 편에서 판결의견을

---

* 제1심, 제2심에서 메릴랜드 주가 승소하자 연방은행은 연방대법원에 상고했다.

썼다. 이 슬로건에 낯익은 미국인들은 이 문구가 정부가 사적 영역의 경제활동을 "파괴"할 수 있는 능력에 대한 언급이라고 믿기 쉽다. 물론 그것이 맞는 말이기는 하지만, 당시 마셜이 진짜로 우려했던 것은 연방주의자들이 연방 수도의 밖에서도 재정의 독점을 추구하는 것을 파괴할 수 있는 주권州權의 힘이었다. 파괴의 위협을 받고 있던 것은 연방은행이었으며, 이는 주권Sovereign을 가진 주의 시민들이 원하던 바였다.

그 당시에는 연방대법원의 판결은 위헌 여부의 문제에 대한 최종적 결론으로 간주되지 않았으므로, 다른 주들은 이 판결에도 불구하고 계속해서 연방은행을 징벌적인 세금으로 괴롭혔다. 이 사건에서의 마셜의 판시에 힘입어 은행은 5만 달러의 세금을 오하이오 주에 납부하는 것을 거부했고, 주 회계담당관은 존 하퍼를 지명해 세금의 징수를 명했다. 제임스 킬패트릭James J. Kilpatrick은 대결의 순간을 이렇게 묘사했다. "9월 17일 아침, 하퍼가 마지막으로 자진납부를 요청했다. 그것이 거부되자 그는 카운터를 뛰어넘어 은행 금고로 성큼성큼 걸어가서, 지폐와 정화specie로 10만 달러를 챙겼다. 그러고 나서 그는 이를 조수에게 건네주어…이 상당한 분량을 미리 사려 깊게 준비해온 작은 트렁크에 쑤셔 담았다."

연방은행은 마셜의 의견을 인용해 오하이오 주를 제소했다. 그러나 오하이오 주는 연방은행이 주에 과도하게 개입하는 것은 오하이오 사람들뿐 아니라 전 미국인의 자유에 대한 위협으로 보았다. 결국 주의회는 다음과 같은 선언을 공표했다. "주 정부의 특권과 권한에 대한 침해를 방어하려는 노력조차 없이 묵과한다면 그것은 주에 대한 반역이자 미국 연방American Union*을

---

* "Union"은 원래 독립선언 당시 13개 주가 연합해 모인 "아메리카식민지연맹"에서 출발한 명칭이었으므로 그 당시에는 "연맹"이 정확한 번역이라고 할 수 있으나 여기서는 편의상 "연방"으로 번역한다.

구성하고 있는 모든 주에 대한 반역행위이다." 주의회는 연방대법원이 위헌성 여부에 대한 최종적 판단권자라는 마셜의 이론을 알고 있었지만, "이런 원칙에 대해서는 절대 동의할 수 없다"고 선언하면서 제퍼슨의 켄터키결의안을 인용했다. 주의회는 마셜의 해석에 따를 의무가 전혀 없다고 생각한 것이었다.

그러고 나서 오하이오 주는 연방은행이 주를 떠난다면 10만 달러를 돌려주겠다고 약속했다. 연방법원의 판결은 "헌법에 위반"한다는 이유로 이를 무시하면서 만약 연방은행이 이에 불응한다면, 연방은행에 대해 저항하는 그 어떤 시민도 투옥하지 못하도록 하는 법률을 통과시키겠다고 통고했다. 켄터키, 코네티컷, 뉴욕, 뉴햄프셔가 곧 뒤따라서 거의 동일한 내용의 선언을 공표했다.

연방은행에 대한 이러한 집요한 공격과 주권州權에 대해 평소 깊이 품고 있던 신념에 의한 격려를 받아, 앤드루 잭슨 대통령은 연방은행의 재원을 고갈시키려는 정치적 투쟁에서 우월한 위치를 점하게 되었다. 대중의 여론은 연방은행에 불리해졌고, 잭슨은 자신의 뜻대로 밀고 나갔다. 결국 미합중국은행은 설립인가를 갱신받지 못했다.

북부의 주들 역시 도망친 노예들을 생포해 그들의 주인에게 송환하도록 강제하고 있는 연방도망노예법Fugitive Slave Act을 무효화시키기 위해 연방법을 무효화시킬 수 있는 주권州權 이론을 원용했다. 그들이 도망노예의 해방을 위한 도구로서 주권州權 이론을 강구하는 것은 당연한 일이었다.

1861년 이전 주권州權의 가장 본질적인 두 가지 요소는 연방법의 무효화와 연방 탈퇴라는 두 가지 무기였다. 뉴잉글랜드 연방주의자들은 제퍼슨의 대통령 당선에 대한 반발로 연방 탈퇴를 모의했는데, 그들에게는 이것이 미국 독립전쟁의 철학과 이상에 완벽하게 합치하는 행동이었다. 주에 의한 연방법의 무효화는 북부에서도 역시 정치적인 도구로서 광범위하게 사용되었다. 실로 전쟁 직전까지도 대부분의 북부 신문들은 남부의 주들이 당연히 평화적인 방법으로 연방을 탈퇴할 권리가 있다고 한목소리를 내었다. 1850년대에는 "가운데 주들"—뉴욕, 뉴저지, 펜실베이니아, 델라웨어, 메릴랜드—에서조차 역동적인 연방탈퇴운동이 있었다. 소위 "가운데 주들middle states"의 주민들과 남부의 주민들이 갖고 있던 공통점 중 하나는 그들 중 대다수가 위압적이고 청교도적인 뉴잉글랜드의 "양키들"에 의해 점거된 정부를 조금도 원치 않았다는 사실이다.

1798년 켄터키결의안 제1장

토머스 제퍼슨

1798년 11월 10일

다음과 같이 결의한다. 미합중국을 구성하는 여러 주들은 연방정부에 대한 무제한적 예속의 원칙 하에 연합한 것이 아니라, 미합중국의 헌법과 그 수정헌법의 형태를 취하는 협약에 의해 연합한 것이다. 그들은 특별한 목적을 위해 연방정부를 구성했고, 그에게 특정한 권력만을 위임했으며, 그 이외의 권리 일체는 각 주가 유보하면서 각 주 고유의 정부에 위임한다. 연방정부가 위임받지 않은 권력을 행사하면 이는 권원이 없어 무효이며 강제력이 없다. 각 주는 이 협약에 국가의 자격으로 가입해 단일화된 당사자가 되며, 각 주는 또한 각자 상대방 당사국이 된다. 이 협약에 의해 창설되는 연방정부는 자신에게 주어지는 권한의 범위와 한계에 대해 배타적이거나 최종적인 판단자 judge가 되지 못한다. 왜냐하면 만약 그렇게 허용하면 연방정부는 그 권한의 범위와 한계에 관해 헌법을 제치고 자의적인 판단을 할 염려가 있기 때문이다. 협약에서 분쟁에 관해 판단자의 역할을 할 자를 따로 정해놓지 않은 경우에 항상 그렇듯이, 각 당사자는 협약의 위반 여부에 관해서는 물론, 그 시정의 방법과 정도에 관해서도 스스로 판단자가 될 대등한 권리를 보유한다.

8장
유명무실한 헌법

수많은 보수주의자와 자유주의자들은 "엄격해석론자strict constructionist"로 자처하기를 좋아한다. 즉, 그들은 정부가 미합중국 헌법을 글자 그대로 엄격하게 집행해야 한다고 믿는 것이다. 그들은 연방정부가 지나치게 오랫동안 그 권한에 대한 헌법상의 제약을 무시해왔거나, 또는 단지 정부 권한의 위헌적인 행사를 합리화하는 일에 종사해왔다고 믿고 있다. 결과적으로 그들은 헌법과 그 제정자들에 대한 대단한 경외심을 표시하면서, 다른 미국인들에게도 그렇게 하도록 강요하는 경향이 있다. 자유주의를 지지하는 수도 워싱턴의 카토연구소Cato Institute*는 포켓 사이즈의 미합중국헌법 복사본을 대량으로 배포하기까지 했다. 이는 일단 대중이 한 번 헌법을 읽기만 하면 헌법 조문 그대로 시행되어야 한다는 주장에 동조하리라는 기대에 기인하는 것이

---

* 존 로크, 애덤 스미스의 고전적·자유주의 전통에 기반을 둔 싱크탱크.

었다.

비록 카토연구소의 행위는 그럴듯해 보이지만, 이보다 더 순진한 또는 쓸모없는 짓은 없을 것이다. 백방의 반대 노력에도 불구하고 연방정부는 시간이 흐를수록 미국의 교육시스템에 대한 통제를 더욱 강화해왔으며, 정부의 권한 행사에 헌법상 제약이 필요하다고 교육을 받는 학생들이 점점 더 줄어들고 있는 현실은 결코 우연이 아니다. 정부의 권한에 제약을 가하는 것이 이롭다고 대중에게 가르치는 것이 연방정부의 이익에 보탬이 되지 않음은 너무나도 명백하기 때문이다.

정부 권한에 대한 헌법상의 제약을 무시하려는 강력한 집단이 있는 반면, 헌법상의 제약을 지지하는 잘 조직되고 영향력 있는 압력단체는 없다는 점을 주시해야 한다. 연방의 보조를 받으려는 특수이익집단들은 하나같이 날이면 날마다 정부로 하여금 헌법상 제약을 무시하고 자기들에게 보조금을 주도록 부지런히 재촉하고 있다. 반면 일반대중은 무기력하게 흩어져 있고, 정치적으로도 잘 조직되어 있지 못하다. 대중은 입헌정부로부터 가장 혜택을 누릴 수 있지만, 대중을 유력한 정치적 압력단체로 결집시키려는 노력은 비용 때문에 좌절하고 만다.

비근한 예로서 농가보조금의 예를 보자. 그런 보조금의 한 유형이 설탕가격유지용 보조금으로서 법으로 설탕의 가격을 세계 시장가격의 서너 배까지 올릴 수 있도록 지원해주고 있다. 단지 사탕수수농장주들이 동포시민을 착취하겠다는 배짱으로 정치적으로 매우 잘 조직되어 있다는 이유만으로도 설탕 및 설탕으로 만든 제품은 모두 미국 소비자들에게 더욱 비싸게 팔린다.

이런 착취를 근절하려면 미국의 소비자 개개인은 연방의회가 설탕가격지원법을 폐지하도록 다수의 의원을 설득하는 데 시간과 노력과 돈을 써야 한다. 두 말할 나위 없이 돌아올 혜택에 대한 기약도 별로 없이 이런 엄청난 임무를 떠맡으려는 보통시민은 거의 없다. 문자 그대로 수천 개의 유사한 프로그램들이 있지만 이들 중 헌법에 의해 허용된 것은 하나도 없으니, 결국 이는 강력한 정치집단들이 약자를 합법적으로 강탈하는 셈이며, 미국의 대중은 그 비용을 감수하고 있는 것이다. 이것이 정치 현실이다. 이 나라의 약 3억에 달하는 일반대중이 언젠가는 봉기하여 헌법의 엄격해석주의strict constructionism로 돌아갈 것을 요구하리라는 기대는 단지 환상일 뿐이다.

현대의 엄격해석론자들은 건국의 아버지founding father*들이 헌법이 실제로 어떤 식으로 시행되기를 원했는지를 알지 못하고 있다. 건국의 아버지들은 헌법이 연방사법부나 다른 연방정부기관에 의해서가 아니라, 자유롭고 독립된 주의 시민들에 의해서 시행되기를 원했던 것이다. 헌법은 연방정부의 권한을 견제와 균형의 시스템과 더불어 헌법에 "열거된 권한"(제1조 8항)이라는 극히 한정된 목록에 국한시키는 것뿐 아니라, 이보다 훨씬 더 중요한 주권主權의 분점 divided sovereignty 원칙을 통해 연방정부에 대한 제약을 추구했던 것이다. 그것은 즉, 주의 시민들이 헌법상의 문제에 관해서는 대등한 목소리를 낼 수 있었다는 말이다. 존스 홉킨스 대학교의 정치학이론 교수인 고트프리트 디츠Gottfried Dietze가 『미국의 정치적 딜레마America's Political Dilemma』에서 지적한 바와 같이 "연방정부가 주정부들의 압력을 저지하기도 하고, 역으로 주정부가 연방정부의 압력을 저지할 수 있도록 하기 위해 만들어진 개념인 연방주의는 미국 헌법상 지고의 원칙supreme principle"인 것이다.

바꾸어 말하면, 중앙정부에게는 주정부가 개인의 자유를 침해하려 할 경우 이를 단속할 권한이 주어졌으나, 동시에 제10차 수정헌법**을 통해 주와

---

* 미국 독립선언문과 헌법에 서명한 사람들을 일컫는다.
** "헌법이 미합중국에게 위임하지도 않고, 주의 권한 행사를 금지하지도 않은 권한은 각 주 및 그 시민들에게 유보된다."

8장 유명무실한 헌법 79

시민들에게 중앙정부의 위헌적 또는 독재적 성향을 저지하거나 거부할 수 있는 권리 또한 부여하고 있다. 만약 미국의 국민이 그들의 정부에 대해 주권자가 되고, 미국의 헌법이 헌법다운 역할을 하려면 그것은 시민이 주나 지역의 차원에서 조직된 정치적 커뮤니티의 구성원으로서 행동함으로써만 달성될 수 있을 것이다. "주권主權의 분점divided sovereignty"이라 함은 바로 이런 것을 두고 이르는 말이다.

그러나 제임스 매디슨이 주창했던 건국의 아버지들의 주권분점시스템은 1865년에 붕괴되었다. 디츠 교수가 이에 대해 다음과 같이 자세히 논하고 있다. "남북전쟁 이전에는…미국 연방주의의 본질은 여전히 논란의 대상이었다. 남북전쟁의 결과 그 논란에는 종지부가 찍혔다. 국가주의자들이 승리자로 대두했다. 국가권력은 20세기가 다가오면서 가속적으로 증강되었고, (이와 함께) 주권州權은 사라져갔다." 후일 그 시기는 "경제의 자유에 대한 점증하는 간섭" 및 "1787년 혁명*의 반전이라고도 성격지울 수 있는 헌법상의 혁명을 도출해낸 시기"로 특징지어졌다.

> 연방주의의 원칙은 1865년 이후 본질적으로 사문화되었다.

주권의 분점시스템이 붕괴하자 연방정부**는 그 자신이 미합중국 연방대법원을 통해 합헌성 여부를 결정하는 유일한 판단자임을 자처***했다. 제퍼슨주의자들이 경고한 그대로, 연방정부가 그러한 역할을 악용해 사실상

---

* 미국의 독립전쟁으로 대변되는 미국혁명American Revolution은 1787년 5월 필라델피아에서 제헌회의가 개최되어 9월 17일 헌법(안)이 통과(발효는 1788년 6월 21일)됨으로써 그 대미를 장식하게 되었다.
** 여기서의 "연방정부"는 연방 차원의 입법, 사법, 행정부를 포괄하는 개념이다.
*** 저자는 연방헌법에의 합치 여부에 관해 연방대법원이 최종적인 판단권자로 된다는 데 이의를 제기하고 있다. 현대적 의미의 미국이라는 관점에서는 쉽게 수긍하기 어려운 미국 초창기에나 가능했던 주장이라고 보인다.

자신의 권한에 한계가 없다는 판단을 내린 것은 그리 놀랄 일이 아니었다. 결과적으로 미국인들은 더 이상 그들의 정부에 대한 주권자의 지위를 향유할 수 없게 된 것이다.

실로 전임 우드로 윌슨Woodrow Wilson 대통령처럼 이전에 초헌법적인 정부의 권한을 옹호한 자들은 이런 사실을 오랫동안 자축해왔다. 윌슨은 대통령이 되기 전에 프린스턴 대학교의 정치학 교수였고, 『미국 헌법상의 정부Constitutional Government in the United States』라는 제목의 책을 썼다. 이 책에서 그는 "남북전쟁은 연방정부가 사법부를 통해 그 자신의 권한에 대한 최종 판단권자가 된다는 원칙을...확립했다"며 긍정일색으로 주장했다. 헌법에 관해 건국의 아버지들—그중에서도 특히 제퍼슨—이 일찌감치 내다보면서 염려했듯이 고양이에게 생선가게를 맡기는 식의 이러한 이론은 미국의 재앙이었다. 참으로, 미국 정치계의 제퍼슨주의자들은 여러 세대에 걸쳐서 그러한 결과를 경고해왔던 것이다.

오랫동안 잊혀졌던 제퍼슨주의의 전통

이중 주권dual sovereignty의 원칙은 역사적으로 켄터키 및 버지니아결의안의 적용 과정에서 가장 잘 나타나고 있다. 독립선언문, 대영제국과의 조약, 연합헌장Articles of Confederation* 및 미국 헌법을 포함한 모든 건국문서에 표기된 대로 켄터키결의안에서 제퍼슨이 "미합중국United States"을 복수**로 언급했다는 사실은 중요한 의미를 지닌다. 이는 자유롭고 독립된 주들이 모여서 주

---

* 1777년 11월 15일 펜실베이니아 주 요크 시에서 개최된 대륙회의Continental Congress에서 채택된 중앙정부의 구성에 관한 미국 최초의 문서.
** "United States are..."

들 간의 협약의 당사자가 되는 것이지, 통합된 하나의 제국을 구성하는 것이 아님을 모든 건국의 세대들이 분명히 알고 있었기 때문이었다. 참으로 그들은 그런 제국에 반대해 연방 탈퇴 투쟁조차 마다하지 않았던 것이다. 그런 그들이 만약 그러고 나서 돌아서자마자 그들만의 제국을 유사한 형태로 건설했다면 억지춘향의 극치로 여겨졌을 것이다. 미합중국United States이라는 단어에 붙이는 동사를 단수*로 사용하는 것은, 잔혹하고 폭력적인 혁명에 의해 주들 간의 자발적인 연합이 전복된 1865년까지는 허용되지 않았던 것이다.

1825년 제퍼슨의 사망 이후, 그에 의해 주창된 주권州權의 전통은 4반세기 동안 효과적으로 유지되어왔으며, 그것은 특히 존 칼훈에 의해 가장 강력하게 지지되었다. 그는 미합중국 부통령, 국방장관 및 사우스캐롤라이나 주 출신 연방 상원의원을 역임한 사람이었다. 그의 저서인 『정부론A Disquisition on Government』은 미국인이 쓴 책들 중 가장 통찰력 있는 정치학 논문들 중 하나이다.

칼훈은 (영국의 불문헌법과 정반대로) 성문헌법이 바람직하다는 데에는 동의했지만, 성문헌법의 시행을 지지하는 자들이 결과적으로는 "정부라는 도당party of government"에 의해 정치적으로 압도당할 것이라고 정확하게 예견했다. 그는 이렇게 쓰고 있다. "처음에는 그들〔엄격해석론자들〕이 어떤 점에서는 존경받으면서 헌법위반행위를 저지하기 위한 조치를 취할 수 있는 경우도 있겠지만, 투쟁이 진행되면서 그들은 순진하기만한 이상주의자로 취급될 것이다. 그들이 만약 수중에 투표함을 장악하고 국가 차원의 물리적 강제력을 보유하고 있는 정부에 대항해 이성, 진리, 정의 또는 헌법에 의해 부과된 의무로 돌아가자고 호소하는 방법으로 성공적으로 이를 저지할 수 있다고

* "United States is..."

믿는 어리석음에 빠진다면, 그런 소리를 들어도 마땅할 것이다. 그런 투쟁의 끝은 헌법의 전복이 될 것이다."

칼훈은 정부에 대한 모든 헌법적 제약은 결국 사실상 소멸되거나 무시되어, 정부는 끝내 하나의 "무한 권력"으로 탈바꿈하게 될 것이라고 예측했다. 그는 확실히 옳았다. 제퍼슨처럼 칼훈도, 주의 시민들이 예컨대 연방법이 합헌인지 위헌인지를 판단할 수 있는 권한처럼 중앙정부에 대항해 "거부권"을 갖는 것이 필수적이라고 믿었다. 그의 유명한 "협동하는 다수concurrent majority*"의 방안은 각 주의 시민은 결국 주권자라는 전제하에서, 그들이 이러한 형태의 결정을 내릴 수 있도록 허용해주기 위해 고안된 것이었다. 1865년 이전에 연방정부는 시민의 대리인 내지 심부름꾼이었지, 결코 그들의 주인이 아니었던 것이다.

제퍼슨의 헌법

1865년까지는 헌법에도 불구하고 주권州權이 인정되어야 한다는 제퍼슨주의자들의 시각이 지배적이었다. 이러한 입장이 가장 잘 개진되어 있는 것이 세인트 조지 터커St. George Tucker의 『미국 헌법에 대한 소견Views of the Constitution of the United States』이다. 터커는 윌리엄 앤드 메리 대학의 법학교수로서 조지 위스George Wythe(독립선언문 서명자)가 은퇴하자 그의 뒤를 이어 토머스 제퍼슨(및 존 마셜**)의 지도교수가 되었다. 터커는 미국 독립전쟁에서 수훈을 세웠으며 전투에서 부상을 입었다. 그 후 그는 성공적인 변호사가 되었으며,

---

* 다수가 다수결만으로 소수를 억압해서는 아니 되며 소수자에게도 다양한 거부권을 허용해야 된다는 주장.
** 미 연방대법원장 역임.

어린 존 랜돌프John Randolph*의 어머니인 미망인과 결혼하면서 그를 입양했다. 또한 그는 1796년 버지니아의 노예제 폐지를 위한 최초의 계획안을 집필했다.

터커는 중앙정부가 자신을 만들어준 각 주의 단순한 대리인에 그치기를 거부한다면 그때부터 어떠한 주의 연합체도 전제정부가 될 것이라고 경고했다. 그는 "주의 주권主權이 (중앙)정부와 결합하면 권력찬탈의 상태 및 절대적인 폭정을 만들어내게 된다"고 썼다. 더 나아가 만약 중앙정부의 "무제한적 권한"이 확장되어 "헌법 그 자체를 변경할 정도가 되면, 정부는 그 형태를 막론하고 절대적이며 독재적이 된다..."는 것이었다. 터커는 현대의 보수주의자들이 링컨이 일으킨 전쟁의 또 다른 유산인 "사법 적극주의judicial activism**"를 탄식하는 상황을 분명히 예견한 것이다.

국민을 전제정치로부터 보호하기 위한 수단으로서 견제와 균형의 장치만 있는 것은 아니라고 터커는 말했다. "국민이 주권자로서 스스로에게 유보해 둔 일정 범위 내의 권한" 또한 그런 보호 수단으로 작용한다는 것이었다. 자유란 것은 결정적으로 주권州權과 주권主權의 분점에 달려 있다는 것이었다.

> 제퍼슨주의자들에게 주권州權은 미국 헌법에서 가장 중요한 기본 원칙이었다.

더 나아가 터커는 중앙정부에 의해 행사되는 "자의적 권력행사와 압제에 대한 무저항주의"는 "불합리한 것이고 노예근성에 터 잡은 것이며 인류의 이익과 행복에 유해"하다고 믿었다. 주의 시민들에 의해 세워진 자유정부는 그 "제헌 세력, 연방을 구성하는 주 및 그 주의 구성원인 시민들에 의해

---

* 연방 상원의원 역임(1773~1833). 연방정부의 권한을 제한해야 한다는 지론을 가지고 있었다.
** 판사가 실정법을 해석함에 그 법의 적용시에 초래될 결과, 공공정책의 견지에서의 타당성 여부 등을 검토해서 판단을 내려야 하며, 특히 그 위헌성 여부에 대한 사법적 심사가 당연히 포함되어야 한다는 주장.

만들어진 연방헌법이 정하는 한계에 기속되어야 한다."그렇지 않으면 전제와 자의적 독재정치를 피할 수 없을 것이라고 터커는 경고했다. 그리고 그의 말은 결국 옳았음이 입증되었다.

터커와 동시대 사람인 버지니아 주 출신 연방상원 존 테일러John Taylor는 건국의 아버지들이 연방대법원에게 합헌 여부, 그리고 결과적으로 행정부의 권한의 한계에 대한 유일한 판단자가 되도록 권한을 위임했다고 믿는 사상을 비웃은 또 다른 제퍼슨주의자였다. 테일러는 『가면을 벗긴 독재Tyranny Unmasked』에서 "자유를 보전하려는 본질적 대책"인 헌법이 "기껏해야 대여섯 명*의 사람에게 죽을 때까지 모든 정치적 기관의 헌법적 권한을 규율할 수 있는 막강한 권한을 부여해 자유를 파괴하려고 획책하지는 않았을 터"라고 쓰고 있다. 피 흘리는 혁명전쟁을 치르고 나서, 그리고 마침내 미국인들의 생명, 자유, 재산에 대한 천부의 인권을 보호해주리라고 기대되는 새 정부를 세운 후, 바로 그 사람들이 돌연 태도를 바꾸어 정치적 고려 하에 임명된 겨우 대여섯 명의 법률가에게 모든 사람의 자유를 좌지우지하도록 떠맡겨야 한다는 생각은 테일러나 여타의 제퍼슨주의자들에게는 모순 그 자체였을 뿐이었다.

20세기의 주권州權 대 독재정치의 대립

링컨이 일으킨 전쟁으로 인해 주권州權이 근본적으로 파괴되었을지는 모르지만, 어떠한 전쟁도 사람들의 마음속 생각마저 완전히 없애버리지는 못한다. 비록 현대의 보수주의자와 자유주의자들은 최초의 연방시스템상의 주권

---

* 건국 당시의 연방대법관 정원은 6명이었다. 그 후 차츰 늘어나서 오늘날 9명이 되었다.

州權의 중요성을 인식하지 못하고 있는 듯하지만, 20세기의 몇몇 저명한 제퍼슨주의 학자들은 그것의 중요성을 인식하고 있었다. 그러한 학자들 중 하나인 프랭크 코도로프Frank Chodorov는 예전에 『자유인The Freeman』의 편집자였으며, "구보수Old Right"파의 우상격이었던 사람이다. 그의 『소득세: 만악의 근원The Income Tax: Roots of All Evil』*에서 코도로프는 "(독재에 대한) 진정한 장애물은 주권州權의 전통이 심어놓은 중앙집권화에 대한 심정적 저항감이다. 두 곳에 충성을 바치는 시민들은 결코 어느 쪽에도 예속되지 않는다. 만약 그가 두 종류의 정치적 신에게 충성하는 버릇에 익숙하다면 그는 그중 어느 한 쪽에 의해서도 지배될 수 없기 때문이다...어떠한 정치적 권위도 시민들에게서 충성의 대상에 대한 선택권을 박탈하기 전까지는 절대주의를 달성할 수 없었다"고 갈파했다. 스탈린, 무솔리니, 레닌이 그들의 권력을 공고화하기 전에 모든 경쟁세력을 도태시킨 것은 결코 우연이 아니었다고 코도로프는 지적했다.

코도로프에게 이중의 주권主權, 또는 그가 "분점된 권력"이라고 부르는 것은 "자유의 보루"나 마찬가지였다. 왜냐하면 자유는 "제약의 부재"를 의미하기 때문이다. 그리고 "정부는 자유를 줄 수 없다. 단지 빼앗을 수 있을 뿐이다. 정부가 더 많은 권력을 행사하게 될수록 시민이 향유할 수 있는 자유는 줄어든다. 그리고 정부가 권력을 독점하게 되면 시민은 자유를 상실하게 된다. 이것이 절대주의, 곧 권력의 독점에 대한 정의"라는 것이었다.

전쟁이 끝난 후에 실제로 링컨의 공화당이 거의 50년 동안 권력독점자의 지위를 누려왔다는 사실에 비추어볼 때, 자신들의 역사를 알고자 하는 미국

---

* 미국에서 소득세제도가 시작한 것은 링컨이 집권한 1861년부터였으며, 그 이전에는 소득세제도가 존재하지 않았다.

인이라면 이 말에 귀를 기울여야 한다. 공화당원이 아닌 그로버 클리블랜드 Grover Cleveland가 대통령이었을 때조차도 공화당의 정책이 지배했던 것이다.

노벨상 수상자 프리드리히 하이에크Friedrich A. Hayek(논란을 불러일으킨 저서 『굴종에의 길The Road to Serfdom』의 저자)의 스승인 오스트리아의 자유시장 옹호주의 경제학자 루트비히 폰 미제스Ludwig von Mises는 옛날부터 내려오는

> 20세기에 나타난 최악의 폭군들은 하나같이 연방주의 내지 주권州權이라고도 불리는 "주권主權 분점"의 원칙에 대한 철저한 적대자들이었다.

제퍼슨주의의 전통 안에서 시민의 자유를 지키는 데 주권州權이 얼마나 중요한지를 잘 알고 있는 또 한 사람의 저자였다. 미제스는 『전지전능한 정부 Omnipotent Government』에서 1865년 이후에 미합중국에서 시작된 정부 간섭주의의 영향에 관해 언급하면서 다음과 같이 쓰고 있다.

새로운 권력은 구성원인 주에 주어지지 않고 연방정부에 주어졌다. 정부의 더 많은 간섭과 더 많은 계획입안을 향해 내딛는 한걸음마다 동시에 중앙정부의 관할권이 확장됨을 의미했다. 워싱턴과 베른*은 한때 연방정부의 소재지였다. 그러나 오늘날 이들은 글자 그대로 진정한 의미에서의 수도capital이며, 주와 캔턴cantons은 사실상 지방의 지위로 축소되었다. 정부의 지배가 강화되는 경향에 반대하는 사람들이 그들의 반대를 워싱턴 및 베른에 대한 투쟁, 즉 중앙집권화에 반대하는 투쟁으로 묘사하고 있다는 점은 매우 의미심장한 사실이다. 그것은 주권州權 대 중앙권력 간의 투쟁으로 파악되고 있는 것이다.

미제스가 워싱턴과 베른이 한때 "연방"정부의 소재지였다고 말할 때, "연

---

* 스위스 연방의 수도.

방"이란 단어의 참뜻, 즉 주권州權이 손상되지 않은 상태에서 주권主權이 분점되고 있는 정부를 의미한 것이었다. 이러한 도시라면 자유롭고 독립적이며 주권主權을 가진 주와 캔턴의 대행자로 세워진 중앙정부의 단순한 "소재지"일 뿐이었다.

미제스에게 정부의 폭정에 대항하는 투쟁은 본질적으로는 단일하게 통합된 정부 또는 독점적 정부, 즉 정확하게는 19세기 후반부터 미합중국에 존재해온 유형의 정부에 대한 투쟁이었다. 이것은 또한 하이에크의 『굴종에의 길』과 구보수주의자들의 또 다른 고전인 펠릭스 몰리Felix Morley의 『자유와 연방주의Freedom and Federalism』의 주제였다. 몰리는 여러 해 동안 『내셔널 리뷰National Review』의 편집자를 역임했던 사람인데, "사회주의와 연방주의(즉 주권州權)는 전자의 경우 권력의 중앙집중을 요구하는 반면, 후자의 경우 그 개념정의 자체가 그것을 부정하기 때문에 양자는 정치적으로 대립할 수밖에 없다"고 쓰고 있다.

경제학자 머리 로스바드Murray Rothbard는 1995년에 사망하기 전, 자유시장 경제를 주창하는 오스트리아 경제학파의 "좌장" 노릇을 한 사람이었다. 미제스의 제자였던 그는 한때 잡지 『포브스Forbes』로부터 "미스터 자유주의자"라는 칭호를 받기도 했다. 대학을 갓 졸업한 젊은이에 불과했던 1949년 5월 11일 미시시피의 잭슨 시에 있는 주권당State's Rights Party 본부에 그는 다음과 같은 편지를 썼다. "비록 뉴욕에서 나고 자란 토박이이긴 하지만, 저는 서먼드 운동*의 충실한 지지자입니다." 그러나 서먼드 운동의 문제점은 그 시야가 너무 좁아서, 로스바드가 "민간독재 프로그램Civil Tyranny Program**"이라고

---

* 사우스캐롤라이나 주지사 및 연방 상원의원을 역임한 스트롬 서먼드(Strom Thurmond, 1902~2003)가 주도한 주권州權운동이었다.
** 당시 의회에 계류 중인 "민권" 법안을 부정적인 의미로 비꼰 말.

비꼬았던 일에 지나치게 집중되어 있다는 데 있었다. 로스바드는 연방의 "민권"에 대한 이 규제프로그램은 "재산권 및 결사의 자유에 대한 적대행위"이므로 반대할 수밖에 없다고 말했다. 진정으로 필요한 것은 "권력에 굶주린 워싱턴의 관료주의"에 대항해 싸울 지역정당이 아닌 "전국 규모의 정당"이었다.

로스바드는, 소수자에게 더 큰 "민권"을 부여하는 시기에 워싱턴에서 나오는 모든 이야기는 주로, 비록 전부는 아니지만, 정의나 인도주의에 대한 관심에서 우러나온 것이라기보다는 워싱턴 관료주의의 권력과 돈에 대한 갈망에서 비롯된 것임을 잘 알고 있었다. 참으로, 정의와 인도주의가 어떤 정부에게 주된 동기를 부여했던 적이 있기나 했던가?

이러한 작가들 외에도 노벨경제학상 수상자인 제임스 뷰캐넌James M. Buchanan 같은 이들도 정치권 내에서 아무리 진실한 마음으로 연방주의를 논의하더라도 연방법을 무효화시키

> 중앙정부에게 너무 많은 권한을 부여하면 독재와 전제의 밑거름을 주는 꼴이 된다.

고 연방 탈퇴로 위협할 수 있는 주권州權이 없는 한 본질적으로 그런 논의는 탁상공론이 되고 만다고 주장해왔다.

이와는 대조적으로, 지난 150년간 등장한 최악의 폭군들은 모두 주권州權과 주권분점 원칙의 공공연한 적들이었다. 아돌프 히틀러는 『나의 투쟁Mein Kampf』에서 독일 연방 내에서 "소위 주권국sovereign state"이라고 자처하는 주州들을* 조롱했다. 그는 그들의 "무력함"과 "분열상"을 한껏 비웃으면서 오토 폰 비스마르크야말로 독일 내에서 주권州權을 말살해버린 공로자라고 치켜

---

* 독일은 원래 300여 개의 소국들이 프루시아의 주도 하에 합쳐져서 만들어진 연방국이었다.

8장 유명무실한 헌법　89

세웠다. 이는 "연방주의와 중앙집권주의 간의 투쟁"에서의 승리였으리라. 제2차 세계대전의 개전 초기에, 게슈타포가 빈에 있는 그의 아파트에 들이닥치기 직전 오스트리아를 탈출해 미국으로 망명한 히틀러의 정적 루트비히 폰 미제스와 마찬가지로, 히틀러는 전체주의적 사회주의(나치즘, 공산주의, 파시즘 등 어떤 명칭으로 불리든)를 위한 "투쟁"에서 가장 큰 장애물은 연방주의이자 주권州權사상 및 주권主權분점론이라는 사실을 잘 알고 있었던 것이다.

히틀러에게는 주권州權을 완전히 말살시키는 일이야말로 "강력한 민족주의"를 건설하는 데 필수적인 요소였다. 참으로 통일독일을 만들어낸 첫 세대 정치가들은 미국 건국의 아버지들이 연방주의의 개념을 창조해낸 것과 똑같은 이유에서, 의도적으로 모든 통치 권력의 "분열"을 이끌어냄으로써 중앙집권적, 권력독점적 독일 국가의 전제적인 성향에 제약을 가하려고 시도했던 것이다.

히틀러가 『나의 투쟁』에서 주권州權에 대한 반대론을 펼치기 위해 에이브러햄 링컨의 첫 번째 취임연설을 인용해 자신의 지적 무기로 삼으려 한 것은 논리적으로 당연한 귀결이었다. 이 미래의 총통은 "미국 연방을 구성하는 하나하나의 주는 그 자신의 주권主權을 보유해서는 안 된다. 왜냐하면 이 주들이 연방을 만들어낸 것이 아니라, 반대로 연방이 이른바 주라고 불리는 부분들을 모두 합쳐서 하나를 이루었기 때문"이라고 주장했다.

이것은 링컨 스스로도 첫 번째 취임연설에서 지지했던 미국의 건국에 관한 잘못된 이론을 히틀러가 재탕한 것이었다. 링컨의 실제 연설은 다음과 같다.

연방은 헌법보다 훨씬 오래된 것입니다. 실제로 그것은 1774년 연합규약

Articles of Association*에 의해 형성되었습니다. 그리고 1776년 독립선언문에 의해 완성되고 지속되었으며, 1778년 미국 연합헌장을 통해…더욱 성숙해졌습니다. 마침내 1787년에 헌법을 제정하고 수립하기 위해 공표된 목표는 "더욱 완벽한 연방을 조직하는 일"이었습니다.

이 말은 논리적으로 불합리할 뿐 아니라 역사에 어긋나는 것이었다. 예컨대 여러 개의 부분이 모여 결성된 연합체가 각각의 구성 부분보다 더 오래된 것이라는 논리는 불가능하다. 그것은 결혼이 각각의 배우자보다 더 오래되었다고 말하는 것과 비슷하다. 더욱이 연방은 주들에 의해 조직된 것이었다! 링컨이 제멋대로 선택한 1774년에서 개시하느냐, 또는 헌법이 비준된 해(1789년)에서 개시하느냐의 문제는 중요하지 않다. 주들은 자신들의 주권主權을 계속 보유하면서 단지 자신들 상호간의 이익을 위해 중앙정부에게 특정한 권력만을 위임함으로써 연방국가를 형성했다. 적어도 이것이 바로 그들이 희망했던 것이었다.

히틀러는 전지전능한 정부권력을 그의 지배 아래에 두기를 꿈꾸는 자신의 소망이 "연방주의와 중앙집권주의 간의 투쟁"에 의해 좌절될 수도 있음을 잘 알고 있었다. 그는 그중 전자를 "유대인들"의 탓으로 돌렸다. 그는 "국가사회주의자들National Socialists(나치)…은 주권州權을 완전히 제거할 것"이라고 확약하면서 "우리에게 그 주는 하나의 껍데기일 뿐이고, 오히려 본질적인 것은 그 핵심내용이 되는 민족이

> 아돌프 히틀러는 링컨의 첫 임기 취임연설을 독일에서 주州의 주권主權을 말살시키는 데 아전인수 식으로 인용했다.

* 식민지인 13개 주가 모인 1774년의 제1차 대륙회의에서 13개 주가 단합해 영국에 대한 불만 사항을 개진키로 하는 한편, 서로 비협조적인 주에게는 경제적 제재를 가하기로 한 협약.

8장 유명무실한 헌법

자 국민이기 때문에 다른 모든 것들은 주권자의 이익에 종속되어야 한다. 특히, 우리는 국가 내의 개개의 주와 민족을 대표하는 주에게 주권州權이나 정치권력이라는 차원에서의 주권主權을 인정할 수 없다"고 단언했다. "연방에 소속하는 개개의 주의 떼쓰기는…즉각 중단되어야 하며 언젠가는 중단될 것"이라고 야심만만한 독재자는 장담했다. 결국 "개개의 주의 중요성은 장차 국가권력과 정책 분야에서 더 이상 인정받을 수 없다는 점"이 "미래를 위한 교훈"으로서 자리 잡아야 한다는 것이었다.

아돌프 히틀러에게 나치즘의 핵심은 일단 주의 주권主權을 어떤 측면에서건 모조리 소멸시키고 나서, "전체 국민" 또는 "전체 아리안 민족"의 이름으로 통치하는 전지전능한 중앙정부였다.

원칙으로서의 국가사회주의는 종전의 연방을 구성하던 주 경계를 무시하고 전체 독일 민족에게 국가사회주의 원칙에 따를 것을 요구하며 자신의 이상과 이념을 주입할 권한이 있음을 주장해야 한다. 교회들이 정치적 국경선에 의해 기속되거나 제약받지 않는 것과 마찬가지로, 국가사회주의의 이념은 우리 조국을 구성하는 개개의 주의 경계에 의해 더 이상 제약받지 않는다. 국가사회주의의 원리는 개개의 연방소속 주의 노예가 아니라 언젠가는 독일제국의 주인이 될 것이다. 이 주의는 국민의 삶을 결정짓고 재편성해야 하며, 따라서 우리의 희망에 역행해 그어진 (주의) 경계를 밟고 넘어설 권리를 당당하게 주장해야 한다.

1962년에 출간된 『애국자 고어 Patriotic Gore』에서 문학평론가 에드먼드 윌슨 Edmund Wilson은, 링컨은 19세기와 20세기에 연방주의 및 주권主權 분점론을 단호하게 거부한 레닌 및 비스마르크와 많은 공통점을 지니고 있다고 지적했다.

우리 시대의 역사와 관련해 남북전쟁의 의미를 찾으려면, 우리는 에이브러햄 링컨을 유사한 일에 종사했던 다른 지도자들과 관련지어서 고찰해야 한다. 이들 중 주된 인사로서 비스마르크와 레닌이 있었다. 그들은 링컨과 함께 거대한 신흥 3개 강대국을 통일하는 데 주도적 역할을 했다…이 세 사람은 각자 지금까지 느슨하게 결합되어 있을 뿐이었던 국민 위에 군림하는 강력한 중앙정부를 건설했다. 링컨은 남부를 북부에 예속시킴으로써 연방을 보전했다. 비스마르크는 독일의 소속 주들에 대해 프로이센의 일사불란한 헤게모니를 행사했다. 레닌은…빈틈없는 관료주의의 그물망 안으로…러시아를 몰아넣는 작업을 개시했다.

이들 모두는 재임 당시 "한 치의 양보도 없는 독재자였으며, 그 사후에도 새롭게 조직된 관료주의 정부에 계승되었는데 이 관료주의 정부는 어찌나 강력한지" (그들이) "발의한 정책의 모든 바람직하지 못한 측면들이 (그들이) 떠난 후에 가장 바람직하지 못한 방식으로 현실화되었다"고 윌슨은 쓰고 있다.

여기서의 교훈은, 헌법상의 자유는 국민이 주권主權을 갖지 못한다면 공허한 구호일 뿐이며, 중앙정부가 존재하고 있는 한 국민이 주권을 갖는 유일한 효과적 방법은 주와 지방 단위의 정치적 커뮤니티를 통하는 길뿐이라는 점이다. 또한 국민은 연방법을 무효화할 수 있는 권리와 연방탈퇴권을 향유해야만 하며, 연방탈퇴권의 경우는 최근 옛 소비에트 제국에서 일어난 자유의 놀라운 부활을 이룩한 가장 중요한 요소였다. 러시아 국민에게는 다행스럽게도 소비에트 제국이 붕괴되기 시작하고 15개의 주(또는 "공화국republics")들이 소비에트 연방에서 탈퇴하기로 결정했을 때, 미하일 고르바초프는 그들의 평화로운 이탈을 허용했던 것이다.

이 공산주의 독재자와는 달리, 에이브러햄 링컨은 남부의 아래쪽 7개 주가 탈퇴한 후에도 연방 탈퇴에 대해 협상하기를—심지어 토론조차도—거부했다. 그 대신 그는 공격을 개시해 이 세상에게 전면전이 어떤 것인지를 보여주었으며, 결국 60만 명이 넘는 미국인을 죽음으로 몰아넣었다. 이 모든 것이 북부의 지역적, 정치적 독점을 지키기 위해서였는데도, 그는 "연방을 구한다"는 달콤하게 오도하는 말장난으로 진실을 교묘하게 숨겼던 것이다.

9장

링컨의 진짜 거짓말

주권州權을 반대하는 링컨 주장의 또 다른 핵심은 그가 대니얼 웹스터Daniel Webster에게서 차용한 다음과 같은 주장이다. 즉, 헌법은 "전체 국민에 의해 제정된 것이지 자유롭고 독립적인 주의 시민들에 의해 제정된 것이 아니라는 것"이다. 링컨은 만약 이 말이 옳다면 전체 국민만이 연방의 해산을 결정할 수 있으며 개별 주는 할 수 없다고 주장했다. 그는 주권州權이라는 것은 전혀 존재하지 않으며, 주는 중앙정부 또는 다른 말로 "전체 국민"으로부터 절대로 자유롭거나 독립되어 있지 않다고 단언했다. 그는 이러한 견해를 자신의 첫 번째 취임연설 때와 그 밖에 다른 계제에도 명확히 밝혔다. 그러나 제임스 킬패트릭James J. Kilpatrick이 그의 『주권主權을 가진 주The Sovereign States』에서 언급한 바와 같이, "주권主權이 미합중국 전체 국민에게 있다는 착각은 우리가 공공분야에 관해 품고 있는 가장 이해할 수 없는 오해들 중의 하나"이다.

현대의 국가주의 및 행정 권력의 지지자들은 "우리 미합중국 국민은...이 헌법을 제정하고 수립한다..."라고 씌어 있는 헌법 전문preamble을 지적하면서 여전히 이 논쟁을 계속하고 있다. 그러나 헌법제정회의의 절차를 기록한 유일한 문서로 남아 있는 제임스 매디슨의 『연방헌법제정회의에서의 토론 기록Notes of the Debates in the Federal Convention』(이하 『기록』)은 이런 신화를 산산이 부수고 있다. 미합중국 헌법의 최초 초안의 전문preamble은 다음과 같다.

우리 뉴햄프셔, 매사추세츠, 로드아일랜드 및 프로비던스 플랜테이션스 Providence Plantations,* 코네티컷, 뉴욕, 뉴저지, 펜실베이니아, 델라웨어, 메릴랜드, 버지니아, 노스캐롤라이나, 사우스캐롤라이나, 조지아의 시민들은 우리와 우리 후손들의 정부를 위해 다음과 같이 헌법을 제정해 만방에 선포하고 굳게 세운다.

일단 건국의 아버지들이—적어도 상당한 시간이 지나기 전에는—반드시 모든 주가 이 문서를 비준하지는 않으리라는 현실을 인식하게 되자 헌법 전문은 개개의 주의 명칭을 나열하지 않는 쪽으로 수정되었다. 헌법이라는 문서가 실제로 해당 주의 비준을 받기 전에는 그 주의 이름이 문서에 명시될 수 없었기 때문이다. 건국의 아버지들이 "전체 국민"의 비준이라는 거대한 전 국가적인 행사를 의도한 것은 아니었음이 분명했다. "전체 국민"이란 말은 대니얼 웹스터에 의해 아무런 근거 없이 조작되고, 링컨이 수십 년 후에 남부에 대한 전쟁 및 건국의 아버지들이 창조한 연방정부시스템의 파괴를 합리화하기 위해 되풀이한 순전히 조작된 개념일 뿐이다.

* 로드아일랜드 주는 섬에 속하는 로드아일랜드와 육지에 속하는 프로비던스 플랜테이션스로 구성되어 있다.

제임스 매디슨 자신도 정확히 어떻게 헌법의 비준이 이루어져야 할지를 꼼꼼하게 설명했는데, 왜냐하면 이것이야말로 주권主權이 누구에게 귀속하는지를 결정하게 될 터이기 때문이었다. 그는 『기록Notes』에서 헌법은 "[주의] 정치적 공동체를 구성하는 최고의 주권자主權者인 시민들에 의해" 비준된다고 명확히 쓰고 있다. 이런 권력을 보유하는 것은 주의 정부가 아니라 주의 시민들이다. 시민들은 그들이 선출한 대표자들에게 자신의 권한의 일부를 위임하지만, 궁극적인 주권主權은 주라고 불리는 독립된 정치적 커뮤니티의 구성원인 시민이 여전히 보유하고 있었던 것이다.

중앙정부는 각 주가 헌법회의를 비준함으로써 이전에 각 주가 시민으로부터 위임받고 있던 권력 중 일부를 중앙정부에 재위임함에 따라 만들어졌다. 예를 들어, 연합헌장 하에서는 중앙정부가 독자적으로 조세를 부과할 권한이 없었지만, 헌법 하에서는 관세를 부과하고 세금을 징수할 수 있게 된 것이다.

게티즈버그 연설에서 "새로운 국가"가 1776년(1863년보다 87년이나 앞서서)에 세워졌다고 한 링컨의 주장은 어떤 측면에서도 틀린 것이다. 헌법의 아버지들은 "국가"를 건립한 것이 아니라, 주의 연합체를 설립했을 뿐이

> 건국의 아버지들은 개개의 주가 주권국가임을 잘 인식하고 있었다. 그러나 링컨은 총부리로 강제한 끝에 그것이 잘못된 생각임을 억지로 "입증"한 것이다.

다. 그리고 독립선언문은 연합헌장이나 헌법과 같은 법적 구속력이 없었다. 더욱 중요한 것은 독립선언문의 말 하나하나가 바로 링컨의 주권州權부재이론과 충돌한다는 점이다. 독립선언문은 무엇보다도 대영제국으로부터의 이탈선언Declaration of Secession이었다. 미국은 영국으로부터 벗어나기 위한 전쟁을 통해 건국되었다. 『블랙의 법률학사전Black's Law Dictionary』에 의하면, 이탈은 한 공동체의 일부가 그 공동체로부터 벗어남을 뜻한다. 이것이 1776년 혁

명의 확실한 본질이다. 건국의 아버지들은, 영국으로부터의 이탈이 곧 자신들을 정치적으로 성격짓는 것인데 이를 불법이라고 간주했을 리가 없다. 그들은 한 명도 예외 없이 모두 분리주의자들이었다. 반反 분리주의자이자 반역자는 베네딕트 아널드Benedict Arnold*와 같은 영국에의 "충성파"들뿐이었다.

독립선언문은 그 종결부에서 식민지의 주민들이 세계를 향해 "전체 국민"이 아닌 자유롭고 독립된 주의 시민으로서 대영제국으로부터 독립함을 선언하고 있다. 선언문이 천명한 대로 "이 식민지들은 당연히 자유롭고 독립된 주이고 또 그래야만 하며, 각 주는 전쟁을 수행하고 평화조약을 체결하며, 동맹을 맺고 통상관계를 수립할 전권을 가지며, 그 외에도 독립된 각 주가 당연히 할 수 있는 다른 모든 행위와 일을 할 전권"을 가지는 것이다. 건국의 아버지들은 개개의 주가 본질적으로는 심지어 전쟁수행권조차도 대등하게 가질 정도로 독립된 국가라고 보았음이 분명하다. 참으로 1861년 전쟁이 발발한 시기에 로버트 리 같은 인물이 자신의 출신 주를 "내 나라my country"라고 칭했을 정도로 그런 일은 다반사였다.

독립전쟁이 끝나자 영국의 왕은 "미합중국The United States of America"이 단수**로 표시된 내용이 들어간 평화조약에 서명하지 않았다. 미국 혁명을 종결짓는 대영제국과의 조약Treaty with Great Britain 제1조는 다음과 같이 말하고 있다.

　　대영제국 국왕 폐하는 소위 합중국United States, 즉 뉴햄프셔, 매사추세츠 베이, 로드아일랜드 및 프로비던스 플랜테이션스, 코네티컷, 뉴욕, 뉴저지, 펜실베이니아, 델라웨어, 메릴랜드, 버지니아, 노스캐롤라이나, 사우스캐롤라이나,

---

* 당초 독립전쟁에서 혁혁한 공을 세웠으나 그 후 영국 쪽으로 전향함으로써 미국 역사상 반역자의 대명사가 된 사람(1741~1801).
** "The United States of America is...."

조지아가 자유롭고 주권主權을 가진 독립한 국가로 인정하고, 그렇게 대우하며, 국왕 자신과 그의 상속인, 후계자들을 대신해 통치권 및 그 통치권이 미치던 모든 재산권과 영토권에 대한 일체의 권리 주장을 포기한다.

주의 시민들이 연합헌장의 형태로 연방헌법을 제정했을 때, 그들은 자신들의 독립한 주권자로서의 지위를 명확히 해두는 것을 잊지 않았다. 그 제1조 제2항에서 규정하고 있는 바와 같이 "개개의 주는 자신의 주권主權, 자유, 독립 및 모든 권한, 관할권과 권리를 이 연합헌장에서 명시적으로 미합중국 의회에 위임하지 않는 한 이를 각 주에 유보해두었던 것이다. 주권主權은 언제나 주의 시민들의 수중에 있으며 결코 "전체 인민"에게 있는 것이 아니었다.

『연방주의자 문건 제39호』*에서 "헌법의 아버지" 제임스 매디슨은 이 나라의 건국에 관한 링컨의 엄청난 거짓말을 예견이라도 했듯이 미리 반박

> "전체 국민"은 헌법의 채택에 아무런 역할을 한 바 없다.

하고 있다. 헌법은 "하나의 국가 전체를 구성하는 개개의 구성원으로서의 인민이 아니라, 독립적이고 개별적인 주를 구성하고 있는 개개의 구성원으로서의 인민에 의해" 비준된다는 것이었다. 그는 또한 헌법에 의해 구성될 새로운 정부는 그의 모든 권한을 자유롭고 독립된 주의 시민으로부터 부여받는 것이며, 헌법을 비준하는 개개의 주는 "다른 모든 주들로부터 서로 독립해 그 자신의 자발적인 동의에 의해서만 구속되는 주권자主權者로 간주"된다고 말했다. 링컨은 이에 동의하지 않았다. 그는 주들이 필요하다면 총과

---

* 알렉산더 해밀턴, 제임스 매디슨, 존 제이 등 세 사람이 1787년 10월부터 번갈아가며 신문 지상에 헌법 비준의 필요성을 역설한 글. "Federalist Paper"라고 부른다.

대포의 위협으로라도 하나로 묶여야 한다고 믿었다.

다시 말하자면, "전체 인민"은 정부를 형성해내는 데 전혀 기여한 바 없었던 것이다. 링컨은 연방주의자 문건을 아예 읽지도 않았음이 거의 분명하며, 설사 읽었더라도 적어도 자신의 정치연설에서 그 내용에 대해 거짓말을 한 셈이다.

이 나라의 건국에 관해 기록하고 있는 주요 문서들은 링컨의 주권州權 부재이론과 어긋난다. "미합중국United States"이라는 구절은 헌법 및 기타 모든 건국 관련 문서에서 항상 복수로 쓰임으로써 미합중국이 하나의 통합된 정부가 아니라 여러 주의 연합체에 불과함을 명시하고 있다. 미국 대통령은 "전체 국민"에 의해 선출되는 것이 아니라, 주 의회에 의해 선정된 각 주의 수임자들로 구성된 선거인단에 의해 선출된다. 1914년까지 미 연방 상원의원은 일반선거에 의해 선출되지 않고 주의회에 의해 임명되었다. 되풀이해서 얘기하지만, 그 이유는 중앙정부에 대한 주의 주권主權을 확실히 하기 위함이었다. 1913년에 통과된 제17차 헌법수정* 이전에는 상당수의 주의회가 자기 주에서 파견한 연방 상원의원이 워싱턴에 도착하면서부터는 자기 주의 시민들의 이익에 반하는 행위를 한다는 이유로 곧잘 그를 소환해 다른 사람으로 대체하곤 했던 것이다.

헌법에 의하면 연방의회뿐 아니라 관련된 해당 주의회의 동의가 없으면 어떠한 새로운 주도 "다른 주의 관할권 내에서 창설될 수 없으며, 둘 이상의 주 또는 주의 일부분이 결합함으로써 새로운 주로 탄생할 수도 없는" 것이다. 이는 새로운 주의 창설에 대한 기존 주의 비토권을 확보하는 것이었으

---

* 원래 연방헌법 제1조 제3항에 의하면 상원의원은 각 주의 주의회에서 선출하도록 되어 있었으나 제17차 수정에 의해 주의 주민에 의한 선거로 바뀌었다.

나, 링컨이 웨스트버지니아를 버지니아 주로부터 불법적으로 분리*하는 것을 조율하던 당시 다른 헌법조항들과 함께 폐기되었다. 지금도 헌법을 개정하려면 "전체 국민"의 일반투표가 아니라 모든 주의 4분의 3 이상의 비준을 필요로 한다.

건국의 아버지들은 대중민주주의나 "전체 국민"에 의한 통치를 우려했다. 주가 연방에게 오직 17개의 매우 특정된 사항(미합중국 헌법 제1조 제8항)에 한해서만 위임함으로써 중앙정부의 권한에 대해 신중하게 한계를 설정해놓은 것은 바로 이 때문이었다. 또한 견제와 균형의 시스템을 마련하고, 이중 주권 또는 연방주의라는 체계를 수립해놓은 것도 이 때문이었다. 링컨은 이 모두를 부정했고, 건국의 새 이론을 만들어내어 자신이 옳다고 "증명"될 때까지 인류 역사상 가장 참혹한 전쟁을 수행한 것이다.

이 국가주의의 신화가 지배하는 한 미국인들은 자기들의 정부에 대한 진정한 주권主權을 되찾을 수 없다. 현재 정도의 차이는 있지만 독재적인 행정권력과 군사개입을 지지하는 자들(즉 "신보수주의자들")이 틈만 나면 링컨 신화를 들먹이면서 자기들이 추구하는 간섭주의 정책을 정당화하려는 것은 그리 놀라운 일이 아니다. 링컨은 이를 유효 적절히 활용했고, 그의 정치적 후예들도 그 후 계속해서 이에 의존하고 있는 것이다.

---

* 남북전쟁 당시 버지니아 주에서 서부지방은 일찌감치 연방 측에 점령되었으며, 노예제도에 반대하는 경향이 두드러졌으므로 남북전쟁 중에 웨스트버지니아 주로 분리, 독립하게 된 것이다.

10장

링컨의 엄청난 범죄
— 연방대법원장에 대한 체포영장

가령 2006년 미국에서 연방대법원장이 헌법을 수호해야 한다는 확신 하에 대통령이 대외선전포고를 하려면 헌법상 의회*를 거쳐야 하는데 그러지 않았음을 이유로 이라크 전쟁이 위헌이라는 의견을 표명했다고 가정해보자. 또한 행정부와 그에 동조하는 언론이 대법원장을 애국심이 부족하다거나, 심지어 반역자로 몰아 악마로 낙인찍는 악의적인 선전캠페인을 벌인다고 상상해보자. 그리고 나서 이 미디어 캠페인이 전쟁을 일으킨 미국 대통령의 사기를 진작시켜 그로 하여금 대법원장에 대한 체포영장을 발부케 해 효과적으로 헌법상의 권력분립체계를 파괴하고 사실상 독재정치체제를 수립하도록 만드는 상황을 상상해보자.

이 연속된 사건들은 실제로 링컨 정권의 초기에 일어났던 일이다. 에이브

---

* 연방헌법 제1조 제8항 제11호에 의하면 대외선전포고는 연방의회의 권한이다.

러햄 링컨은 84세의 대법원장 로저 토니가 대통령이 아니라 오직 의회만이 인신보호영장제도를 정지시킬 수 있다는 의견을 내자 그에 대한 체포영장을 발부했다. 토니가 연방순회법원 판사로서*(당시 연방대법원 판사들이 겸했던 의무) 맡았던 사건에서 내놓은 의견은 메리맨 사건Ex parte Merryman**(1861년 5월)에 터 잡은 것이었다. 그의 의견의 핵심은 인신보호영장제도가 헌법 하에서 절대로 정지될 수 없다는 뜻이 아니라, 그 결정권은 대통령이 아닌 의회에만 있다는 취지였다. 달리 말하자면, 만약 적법절차를 정지시키는 것이 진실로 "공공의 이익"을 위해 필요한 것이라면 (어느 시대든 수상쩍은 얘기지만), 국민의 대표자들이 모인 의회에서 그렇게 의결하면 될 터였다. 링컨 정부는 대법원장의 판단에 대해 상소***하면 되었을 텐데도, 간단히 이를 무시하는 방법을 택했고, 더 나쁜 점은 체포영장으로 늙은 판사를 위협했다는 점이다.

링컨이 대법원장에 대한 체포영장을 발부하는 전대미문의 독재자다운 행위를 실제로 저질렀다는 이야기를 확인할 수 있는 다수의 자료가 있다.

> 연방대법원장에 의한 불리한 결론에 상소하는 대신 링컨은 늙은 판사에 대해 체포영장을 발부했다.

다만 이 영장은 늙은 대법원장을 판사실에서 끌어내어 지하감옥 같은 볼티모어의 맥헨리 요새의 군교도소에 처넣을 만한 용기를 지닌 연방집행관이

---

* 당시에는 연방대법관이나 주대법관도 대법원의 재판이 쉬는 기간 동안에는 연방이나 주의 하급심 순회법원에서의 사실심 재판도 맡았다.

** 섬터 요새가 포격당하자 링컨은 수도 워싱턴의 방어를 위해 주 소속의 민병대 7만 5,000명을 소집했다. 그런데 그들의 통과 길목에 있는 메릴랜드 주가 타주 소속 민병대의 통과를 거부하기로 결정함에 따라 메릴랜드 주 기병중위인 존 메리맨은 다리의 폭파에 나섰다. 링컨은 참모들과 의논한 끝에 1861년 4월 27일 총사령관 윈필드 스콧 장군에게 인신보호영장제도를 정지시켜도 좋다고 통지했으며, 이에 따라 육군에서는 다수의 메릴랜드 주의회 의원들을 체포했다. 메리맨도 이때 체포되었는데 그가 불법구금이라며 즉각 인신보호영장의 발부를 신청한 사건이다.

*** 대법원장이 사실심인 연방순회법원의 판사로서 1심 사건을 다룬 것이므로 당연히 상소가 가능했다.

없었던 관계로 집행되지는 못했다.

이 이야기를 뒷받침하는 첫 번째 자료는 연방집행관의 역사에 관한 대표 집필자인 프레더릭 칼훈Frederick S. Calhoun이 쓴 『법의 집행관들: 연방집행관과 그 보좌관들, 1789~1989The Lawmen: United States Marshals and Their Deputies, 1789~1989』이다. 칼훈은 링컨의 변호사 시절 동업자*이자 나중에 링컨 행정부에서도 일한 워드 힐 레이먼Ward Hill Lamon이 전쟁 후에 쓴 책에서 당연했던 일인 양 언급하고 있는 체포영장발부 사건을 그대로 인용하고 있다. 대법원장에 대한 링컨의 체포영장에 대한 레이먼의 언급은 칼훈의 책에서 "반역자의 체포와 인신보호영장제도의 정지"라는 제목의 장에 기술되어 있다.

토니를 체포하려 했다는 풍문을 레이먼이 확인해주자 링컨 숭배자들은 링컨 자신이 레이먼을 각별히 신뢰해 조언자로 가까이 두었다는 사실에도 불구하고, 레이먼이 술고래이므로 그의 말은 전혀 믿을 수 없다고 주장했다. 율리시스 그랜트 또한 당시 악명 높은 술고래였지만 어쨌거나 링컨 숭배자들은 그의 말이나 글에 대해서는 어떠한 의심도 품지 않는다.

링컨 숭배자들에게는 불행한 일이지만 체포영장에 관해서는 매우 신뢰할 만한 다수의 증언이 존재한다. 이들 중 하나가 전쟁 당시 볼티모어의 시장이었던 조지 브라운George W. Brown이 1887년 발간한 『볼티모어와 1861년 4월 19일: 전쟁의 연구Baltimore and the Nineteenth of April, 1861: A Study of War』이다. 이 책에는 브라운 주지사가 토니와 가졌던 대화를 수록한 부분이 있는데 그 대화 중에서 토니는 링컨이 자신에 대해 체포영장을 발부한 일을 알고 있다고 언급하고 있는 것이다.

---

* 같은 사무실에서 동업한 적은 없으며, 링컨이 제8순회법원 구역 관내를 돌아다니며 순회재판에 참여할 때 그 관내에서 개업하고 있으면서 제휴한 변호사였다.

이를 뒷받침하는 또 하나의 자료로서 전임 연방대법관이 쓴 『벤저민 로빈스 커티스 회고록A Memoir of Benjamin Robbins Curtis』이 있다. 커티스 대법관은 연방 상원에서 열린 앤드루 존슨Andrew Johnson 대통령의 탄핵심판에서 대통령을 대리했고 드레드 스콧Dred Scott 사건에서 소수의견dissenting opinion을 썼으며, 그 사건에 대해 토니 대법원장과 논쟁을 벌인 끝에 연방대법관직을 사임했다. 그럼에도 불구하고 그는 회고록에서 토니 대법원장이 링컨의 일방적인 인신보호영장제도의 정지를 반대함으로써 헌법을 수호한 공적을 칭송하고 있다. 그는 대법원장에 대해 반역혐의로 체포영장을 발부한 것을 가리켜 "엄청난 범죄"라고 규정했다.

또한 연방법원 판사들federal judges* 에 대한 협박이 링컨 정부에서는 다반사였다는 증거들이 속속 드러나고 있다. 1861년 10월 링컨은 수도 워싱턴 헌병사령관에게 순회법원 판사의 자택 주변에 무장한 보초병들을 배치해 그를 가택연금하도록 명령했다. 그 이유는 그가 헌병사령관에 의해 구금되어 있는 어느 젊은이를 위해 자신의 헌법상의 의무에 충실하게 인신보호영장을 발부해 그가 적법절차를 밟을 수 있도록 허가해주었다는 것이었다. 판사의 행동은 후에 연방대법원에 의해 그 정당성이 입증되었다. 전쟁이 끝난 후에 대법원은 1861년 당시 북부의 주들에서 민간법원이 가동 중에 있었음에 틀림없는 한, 대통령도 의회도 인신보호영장제도를 정지시킬 권한이 없었다고 판시했다.

> 드레드 스콧 사건에서 소수 의견을 쓴 벤저민 로빈스 커티스 대법관은 링컨이 대법원장에 대해 체포영장을 발부한 것이 "엄청난 범죄"라고 생각했다.

* 연방의 상급심과 하급심 판사들을 망라하는 표현

판사를 가택연금 상태에 처하게 함으로써, 링컨은 판사가 그 사건의 공판기일에 출석하지 못하게 만든 것이다. 대법원의 판결에는 수도 워싱턴 순회법원의 판사인 메릭W. M. Merrick이 그 젊은이를 위해 인신보호영장을 발부한 후에 그가 어떻게 가택연금에 처했는지를 설명하는 판사의 편지 내용도 들어 있다. 그 편지의 마지막 단락은 다음과 같다.

저녁식사 후 나는 조지타운에 있는 동료 판사들 집을 방문했다. 그리고 7시 반에서 8시 사이에 집으로 돌아왔는데, 헌병사령관의 명령으로 무장한 보초들이 내 집 문앞에 배치되어 있는 것을 발견했다. 나는 이 보초들이 5시부터 문앞에 배치되어 있었다는 것을 알게 되었다. 그때부터 현재까지 무장한 보초들이 내 집 앞에 계속 배치되어 있다. 따라서 법률이 정하는 소정의 서식에 따르는 인신보호영장을 송달받은 군장교가 정당하게 영장을 집행한 변호사에게 우선 협박을 가하고 그 다음에는 체포해 투옥한 것 같다. 그는 과거에도 법에 따른 명령을 모욕하고 무시해왔고, 지금도 여전히 계속 그리하고 있으며, 비열하게도 무장한 보초들을 배치해 그 존재만으로도 인신보호영장의 발부를 명한 판사를 모욕하고 협박했고, 이 무장한 군대를 여전히 문앞에 세워놓아 이 나라의 정의를 무시하고 비웃고 있다. 이런 상황에서 나는 순회법원장에게 이 메모를 공개된 법정에서 낭독해 내가 판사석을 비우게 된 이유를 알릴 수 있도록 해줄 것을 정중히 부탁하며, 법원의 사건기록에 본 문서의 전문이 편철되도록 해줄 것을 요청한다.

W. M. 메릭
수도 워싱턴의 순회법원 판사보

링컨 숭배자들은 어느 경우에나 변명거리를 준비하고 있으므로, 이 사건에서 연방판사들을 감금한 것은 링컨이 아니라 연방집행관이라는 것이 그들의 공식대응 방침이다. 그러나 이것은 마치 링컨이 군의 통수권자이었음에도 불구하고 그가 직접 총을 발사하지 않았기 때문에 전사자들에 대해 책임이 없다고 말하는 것과 같다. 이렇게 링컨 숭배자들의 논리대로 하자면 링컨이 그런 체포에 연관되었다고 인정하기 위해서는 링컨이 감금된 판사들을 직접 총으로 위협했어야 한다는 이야기가 된다.

그러나 링컨 자신은 이런 사건이 일어난 사실을 충분히 알고 있었으며, 이를 저지하기 위해 어떤 일도 하지 않았다. 물론 그가 아무 일도 하지 않은 이유는 그것이야말로 그가 의도한 정책이었기 때문이다.

토니 판사에 대한 체포영장이 갖는 의미는 미국 연방헌법상의 정부조직에서 연방대법원이 차지하는 지위가 흔들리고 더불어 삼권분립이 본질적으로 파괴되었다는 점이다. 궁극적으로 행정 권력이 다른 어느 기관보다도 우위를 점하게 되었고, 대통령, 군부, 그리고 행정부가 미국 사회를 지배하게 된 것이다.

Part 2

새로운 진실
–링컨과 경제 문제

11장
공화당의 기원

1850년대 초에 휘그당이 붕괴되자 링컨은 일리노이 사람들에게 구휘그당과 그가 방금 입당한 새로운 공화당 사이에는 다른 점이 거의 없다고 안심시켰다. 휘그당은 시종일관 보호관세, 도로, 운하, 철도 등을 건설하는 기업에 대한 지원 및 이 모든 수상쩍은 정책들을 수행하는 데 필요한 재정충당을 위해 연방은행제도 등 "미국식 시스템"과 정부의 적극적 개입을 지지하던 당이었다.

　이번에는 링컨이 미국 국민들에게 거짓말을 하지 않았다. 아닌 게 아니라 새로 창립된 공화당은 연방의 입법에 영향력을 행사할 수 있을 만큼 권력을 획득했다. 이렇게 막강한 권력을 얻자마자 공화당은 휘그당이 멈추었던 바로 그 위치에서 다시 시작한 것이었다. 공화당원들은 링컨이 당선되기 이전이며 남부의 주들이 연방에서 이탈하기 이전인 1859~1860년의 연방의회 회기 동안에 연방 하원으로 하여금 보호무역주의를 표방한 관세법안Morrill Tariff*을 통과시키도록 강요했다. 이 사실은 고율의 관세정책이 단지 전쟁자금 마련을 위한 메커니즘에 그치지 않고 공화당의 최우선 사안이었음을 보여주기 때문에 매우 중요한 의미를 갖는다. 이 정당이 법안을 통과시킬 정도로 충분한 권력을 획득한 순간부터, 우선순위 목록의 맨 위에 올라간 법안은 북부의 산업을 국제경쟁으로부터 "보호"할 고율의 보호관세였다. 그것은 글자 그대로 보호관세였지 전쟁자금 조달을 위한 관세가 아니었다.

그리고 나서 공화당은 1860년 정강에서 명시적으로 남부의 노예제도를 옹호하고, 연방정부가 남부의 노예제도에 간섭하는 것을 금지하는 헌법수정안을 압도적으로 지지함으로써 남

> 새로 창당되어 집권한 공화당 정권이 이룬 최초의 입법적 승리는 평균 관세율을 두 배 이상 올린 일이었다.

부의 편을 들었다. 공화당원들이 새로 취득한 영토new territories**에 노예제도가 확대되는 것을 반대했을 때조차도, 그것은 인도주의에서라기보다는 정치적, 경제적 동기에 의한 것이었다. 사실 링컨을 비롯한 공화당의 지도자들은 새 영토는 백인만을 위한 곳으로 보존하기를 원한다고 노골적으로 천명했다. 펜실베이니아 주 하원의원 데이비드 윌멋David Wilmot의 그 유명한 단서조항proviso(1846년 최초로 의회에서 발의되었으나—통과되지는 못한 법안으로서—, 멕시코 전쟁***에 의해 획득한 새 영토에서는 노예제를 금지하도록 했음)에 서조차도 윌멋 스스로 "백인들의 단서조항"이라고 언급하고 있을 정도이다.

---

　*　1861년 버몬트 주 출신 저스틴 모릴 하원의원의 발의로 통과되고, 민주당원인 제임스 뷰캐넌 대통령이 임기만료에 의한 퇴임 직전에 서명했다.
　**　미국의 영토는 당초 동부의 13개 주에서 시작해 차츰 서부로 확장되었다.
***　미국이 1845년 텍사스를 병탄하자 멕시코가 이에 반발해 양국 간에 1846~1848년간 벌어진 전쟁. 이 전쟁에서 미국이 승리하고 오늘날의 캘리포니아, 네바다, 유타, 애리조나, 콜로라도 등에 해당하는 지역을 할양받았다.

그를 비롯한 북부 정치인들이 멕시코 전쟁에 의해 획득한 영토 내에서 노예제를 금지하는 것을 지지한 이유는 그들이 노예제도의 타파를 원했기 때문이 아니라, 흑인이—자유인이든 노예든—자신들과 섞여 사는 것을 원치 않았기 때문이었다. 역사학자 유진 버왕거Eugene Berwanger가 『노예해방전선The Frontier Against Slavery』에서 설명했듯이 "공화당원들은 검둥이들의 운명에 관심이 있는 척도 하지 않았으며, 자기들의 공화당은 백인 노동자들의 정당이라고 주장했다. 백인우월주의의 기미를 드러냄으로써 그들은 흑인 혐오자들과 노예폐지론에 반대하는 자들의 지지표를 얻기를 바랐던 것"이다.

초기 공화당원들에게 "자유토지free soil*"는 연방정부가 무상으로 나누어주는 땅 이상을 뜻하는 것이었다. 즉, 그것은 동시에 흑인이 전혀 없는 땅을 의미하는 것이었다. 공화당은 새 영토에 정착하는 사람들에게 땅을 무상으로 제공하는 것을 지지했으며, 또한 가능한 한 흑인들이—자유인이든 노예든—배제된 상태를 거의 만장일치로 원하는 북부인들의 편견에 동조했다. 바꾸어 말하자면, 그들은 새 영토들이 뉴잉글랜드처럼 되기를 원했던 것이다(남부의 민주당원들은 정부의 주된 수입원인 관세로 인한 부담을 경감받기 위해 정착자들에게 토지를 유상으로 매각해 정부의 재원으로 삼기를 바랐다. 남부는 농업사회로서 생산하는 모든 농산물의 4분의 3을 수출하고 있었다. 보호관세가 전반적으로는 국제무역량을 감소시키는 경향이 있으므로, 그들은 보호무역주의가 사실상 자신들에게 비용만 지출케 하고 이득은 전혀 주지 않는 것으로 보았는데, 이는 제조업이 더 우세한 북부의 관점과는 정반대였다).

그들이 노예제도의 확대에 반대한 두 번째 이유는, 의회에서의 정치적 세력 균형이 북부 쪽에 기울어져 있는 상태를 지속시키기 위해서였다. 그 당시

---

* 이 운동은 서부 토지의 무상분배와 노예제도 없는 자유로운 삶을 지향하기 위해 시도되었다.

존재하던 헌법의 "5분의 3" 조항*은 연방의회 의원의 수를 개개의 주에 배정함에 있어 노예 5명을 3명의 인간으로 계산하고 있었다. 링컨 자신도 그것이 민주당의 하원의원 분포를 인위적으로 부풀리게 해준다는 이유로 반대 입장을 분명히 해왔다. 만약 그렇게 되면 보호관세, 후원기업에 대한 특혜corporate welfare**, 중앙은행 등으로 대변되는 구휘그당의 경제강령이 의회에서 도저히 통과되지 못할 터였다.

가장 저명한 링컨 전기작가들조차도 몇몇은 이런 경제적 문제점들의 의미와 중요성을 이해하지 못하고 있다. 거기에는 그럴 만한 이유가 있다. 즉, 그들은 역사학자이지 경제학자가 아닌 것이다. 한 예로 퓰리처상을 수상한 링컨 전기작가 데이비드 도널드David Donald가 2004년 10월호 『더 스미스소니언The Smithsonian』에 게재한 에세이를 들 수 있다. "가지 않은 길The Road Not Taken"이라는 제목의 이 에세이는 만약 1860년, 1912년, 1932년, 1980년의 대통령 선거 결과가 달랐더라면 오늘날의 미국은 과연 어떤 모습일까 하는 질문을 던지는 심포지엄에서 발표된 내용이었다. 도널드는 링컨 행정부의 "사회입법"에 초점을 맞추어 다음과 같은 결론을 내렸다. 링컨이 만약 1860년에 선출되지 않았더라면 연방의회의 다수당인 민주당은,

남북전쟁 기간 동안 공화당원들이 통과시킨 중요한 경제, 사회 분야의 법률안들을 저지했을 것이다. 그리하여 경제발전에 핵심적인 역할을 하는 철강산업을 보호해줄 고율의 관세법은 존재하지 않았을 것이고, 서부로 진출해 땅을 차지해 경작하려는 정착자들에게 160에이커의 땅을 공짜로 주는 홈

---

* 당초의 미국 헌법 제1조 제3항은 노예에게 투표권을 인정하지 않으면서도 연방 하원의원의 정원을 각 주에 배정함에 있어 남부의 입장을 고려해 노예 5명을 3명의 인간으로 보았다.
** 선거 때 후원해준 기업에게 집권 후 자금지원, 감세 등의 특혜로 보답해주는 일.

11장 공화당의 기원 **113**

스테드법Homestead Act*도 없었을 것이며, 대륙횡단철도법도, 토지무상불하대학land-grant colleges**도, 전국에서 통용될 화폐도, 중앙은행업무시스템도, 그리고 더 나은 종자와 개선된 경작기술에 대해 전문적인 조언을 해줄 농무부도 존재하지 않았을 것이다. 그런 법률 없이는 금세기 말까지 미합중국을 일류 산업대국으로 만든 경제적인 도약은 없었을 것이다.

> 링컨 숭배주의는 경제정책의 문제, 특히 관세문제에 관한 한 대책 없는 혼란에 빠진다.

남부 민주당원들이 이런 입법을 저지할 수 있었을지는 확실하지 않다. 북부의 인구는 남부의 인구를 급속히 추월해, 연방의회 내에서 북부 출신 의원의 수가 증가하는 결과를 낳았다. 그리고 북부의 상원의원 수는 연방을 이탈한 주 출신 상원의원들의 두 배 정도였다. 그러나 그 문제는 제쳐두고라도, 위에서 언급한 도널드의 문장 하나하나는 모두 거짓이다. 보호관세는 철강산업을 게으르고 비효율적으로 만들었는데, 이는 어떤 산업이든 경쟁의 환경으로부터 격리되었을 때 나타나는 현상이다. 산업이 발전했다고는 하지만, 보호무역주의가 없었더라면 더 빠르고 더 효율적으로 발전할 수 있었을 것이다. 나아가 링컨시대의 관세(반세기 이상 지속되었다)에 의해 야기된 철강제품 가격의 폭등은 미국 내에서 강철을 사용하는 다른 모든 산업의 걸림돌이 되었으며 그 발전을 저해했다. 미국 내에서 강철로 만들어지는 모든 물건은 공화당의 보호무역주의 때문에 생산비용이 더 많이 들어가게 되었고, 이로써 그 기간 동안 국제시장에서 미국 제조업의 경쟁력을 매우 저하시켰다. 미국의 제조산업은 경제쇄국책에도 불구하고 발전했지

---

* 링컨이 1862년 5월 20일 서명한 연방법률.
** 연방은 연방 소유 토지를 주에 할양해 주로 농업, 군사, 기계 등의 분야에서 노동자 계층의 자녀들에게 실업교육을 시킬 수 있도록 장려했다. 아이오와, 미시건, 캔자스 등의 주립대학이 그렇게 해서 생겨났다.

만 경제쇄국책 때문에 발전한 것은 결코 아니었다. 더욱이 미국의 해외 무역상대국들은 자기 나라가 수입하는 미국산 상품들에 대해 같은 수준으로 높은 관세를 부과함으로써 보복했다. 공화당의 보호무역주의로 인해 야기된 이런 외국의 대응정책은 결국 미국의 산업에 제2의 경제적 해악을 불러왔다. 데이비드 도널드는 완전히 거꾸로 이해하고 있는 것이다.

공화당의 보호무역주의는 철강산업을 비효율적으로, 그리하여 끊임없이 칭얼대고 불평하며 경쟁으로부터 더 보호해줄 것을 구걸하는 존재로 만들어버렸다. 참으로 조지 부시 대통령이 2001년 취임하자마자 제일 먼저 한 일은 수입 강철에 대해 50퍼센트의 관세를 부과하는 일이었다. 철강산업은 앞으로도 얼마나 오랫동안 자기들이 경쟁으로부터 보호가 필요한 "유치산업 infant industry"이라고 주장할 것인가? 미국 소비자들은 이런 류의 보호무역주의에 의해 착취당했으며, 모든 강철 제품에 더 많은 돈을 지불하도록 강요당함으로써 생활의 질이 저하되었다.

19세기 후반, 보호관세는 강철로 된 비싼 농기구와 기계 등을 구입해야 하는 미국의 농부들에게 특히 해를 끼쳤다. 또한 국제무역을 제한함으로써 보호무역주의는 무역상대국들의 부를 감소시켰고, 이로써 차례로 미국 상품, 특히 미합중국이 오랫동안 비교우위를 점하고 있는 분야인 농산물의 대외판매량을 감소시켰다. 이렇게 미국의 농부들은 링컨식의 보호주의에 의해 두 번이나 타격을 받게 된 것이다. 첫째, 더 높은 가격의 농기구와 기계를 구입해야 했고, 둘째, 미국의 농산물 수출이 감소함으로써 타격을 받은 것이다.

홈스테드법에 관해 이미 오래 전에 역사학자 러드웰 존슨 Ludwell Johnson은 이 국토의 대부분은 정착민들이 아닌 광업, 목재, 철도 등의 기업에 특혜로 주어졌다고 단정했다. 기업에 대한 보조금이 항상 그렇듯이 엄청난 양의 부패가 행해졌으며, 특히 정부가 보조하는 대륙횡단철도와 관련된 토지불하와 관련해서는 더욱 그러했다.

토지를 무상으로(또는 헐값에) 불하하는 것은 전쟁 이후 수십 년간 연방정부를 지배해온 공화당을 매우 인기 있게 만들었지만, 동시에 1861년 소득세 제도가 도입될 때까지는 높은 세율의 관세를 유지해야 한다는 압력이 증가했다. 즉, 이는 공화당에게만 원-원 정책이었을 뿐 공화당 이외의 다른 정당, 시민, 사회에게는 예외 없이 손해만 남는 정책이었다. 결국 이는 보호주의 무역정책을 옹호하고 북부 산업계로부터의 정치적 지지를 공고히 하면서 무상으로 토지를 불하받은 정착민과 기업들로부터 간접적으로 지지표를 "사고buy," 선거자금의 기부를 받아내는 방법이었다.

도널드도 격찬한 정부보조의 대륙횡단철도는 미국 역사상 대규모의 정부 "공공사업"프로젝트와 관련해 부패상과 비효율성을 보여주는 아마도 최악의 사례일 것이다. 이로 인해 결국 그랜트 행정부의 크레디트 모빌리어Credit Mobilier 스캔들*이 터졌다. 사업가 제임스 힐James J. Hill은 정부보조를 받지 않고서도 스캔들이 나기 일쑤인 정부보조 철도보다 훨씬 효율적으로 그레이트 노던Great Northern 대륙횡단철도를 건설, 운영함으로써 정부의 보조는 불필요한 것이었음을 증명했다.

토지무상불하 대학도 역시 이해가 엇갈려왔다. 왜냐하면 정부가 자금을 지출한 이상 불가피하게 고등교육에 대한 정부의 감독을 강화시켰고, 이는 오늘날 대학 캠퍼스와 일반사회에서의 "정치적 몸사리기political correctness**"

---

* 유니언퍼시픽 철도회사의 홍보담당 부사장 조지 프랜시스 트레인이 크레디트 모빌리어 어브 아메리카 Credit Mobilier of America사를 설립해 유니언퍼시픽으로부터 대륙횡단철도 구간 중 1,000여 킬로미터의 건설공사를 과다한 공사비에 수주해 유니언퍼시픽을 도산 지경에 빠지게 하고 회사주식을 정치인들에게 헐값에 뿌렸다가 뉴욕 시의 한 신문의 폭로로 그 치부가 드러난 사건.
** 언행, 사상, 정책 등을 표명함으로써 어떤 인종적, 종교적, 정치적, 문화적 집단의 반발을 불러일으키지 않도록 극도로 조심하는 일

라는 데서 그 절정을 이루었다. 이는 또한 학문적 연구에 몰두해야 할 학자들의 정치화를 야기했고, 자기들에게 연구자금을 제공하고 때로는 월급을 주기도 하는 여러 정부기관을 위해 본질적으로 "고용된 총잡이" 노릇을 하는 일련의 학자들을 양산했다.

농부들에게 어떤 종류의 종자를 재배해야 할지 교육하기 위해서도 연방정부의 공무원들이 필요하다고 하는 도널드의 주장은 어리석기 짝이 없었다. 그런 정부 프로그램은 잘해야 단순히 농부들—어쨌거나 농부도 사업자이다—이 스스로 부담해야 할 돈을 미국의 납세자들로 하여금 대신 지불하게 하는 수단이 될 뿐이다. 자동차회사가 자동차를 만들 때 자동차 관리국이 어떤 종류의 타이어와 엔진부품을 사용해야 할지 지도할 필요가 없는 것처럼, 농무부에서 농부들에게 어떤 종자를 재배해야 할지 교육할 필요는 전혀 없다. 그런 판단을 내리는 일은 민간부문이 훨씬 더 잘 수행할 수 있다.

농림부는 주로 거대한·기업농장에 불필요한 보조를 제공하는 일에 그치지 않고 농산물 시장을 기이할 정도로 비효율적으로 만들었다. 이는 농부들에게 가축을 기르지 않거나 식량을 재배하지 않는 데 대한 대가로 보조금을 지불함으로써 오로지 농부들로 하여금 더 높은 가격을 매겨서 더 많은 돈을 벌 수 있도록 해주는 여러 프로그램을 통해 이루어졌다. 이는 식품의 가격을 자유시장의 수준보다 더 높게 유지시키는 가격통제프로그램으로서 많은 잉여 농산물을 쓰레기로 만들고, 수백만의 농부들로 하여금 그들이 절대 갚을 수 없는 정부의 빚에 얽매이게 만들었다.

링컨의 연방통화법 National Currency Act 에 대한 도널드의 찬사 또한 잘못된 것이다(자세한 내용은 15장에서 다룰 것이다). 이런 법률은 곧 전쟁 동안 유례없는 수준의 인플레이션을 초래했고, 독립재정시스템으로 알려져 있는 기존의 시스템보다 훨씬 더 불안정한 은행시스템을 만들어냈다.

데이비드 도널드, 제임스 맥퍼슨James McPherson 같은 자유주의 역사학자들이 링컨의 사회부문 입법을 격찬하는 이유는, 그들에게는 이것이 프랭클린 루스벨트 대통령의 뉴딜정책보다도 앞선 선구자적 업적으로 보이기 때문이며 실제로도 그렇기는 하다. 사실 뉴딜New Deal이라는 말은 루스벨트가 만든 것이 아니라, 1865년 노스캐롤라이나 주 롤리Raleigh 시의 어느 신문이 링컨의 사회부문 입법을 설명하면서 붙여준 이름이다. 이 신문은 노스캐롤라이나 주 사람들에게 연방에 재가입하기를 권하면서, 경제학자 마크 손턴Mark Thornton과 로버트 에킬런드Robert Ekelund가 명명한 바를 빌리자면 "링컨 대통령과 공화당이 만들어낸 새로운 법률들과 규정들과 관료주의의 광풍"에 의해 정부가 마구잡이로 내어주는 것들을 실컷 받아먹자고 촉구했던 것이다. 여기에는 홈스테드법, 모릴 무상토지불하대학법, 쓸데없는 부서인 농무부의 신설, 대륙횡단철도용 토지불하, 세금을 걷어 보조금을 주는 우편배달, 정부보조의 기차우편서비스 및 기타 수없는 소비세, 10종의 관세인상과 지폐의 남발을 통해 재정지원되는 모든 프로그램들이 포함된다.

> "뉴딜"이라는 말은 당초 링컨 행정부의 국내 정책을 비하하는 의미로 사용되었다.

미국의 공화당은 그 시초부터 줄곧 거대정부의 정당이었다. 민주당은 최소한 1912년 선거 때까지는 제퍼슨의 당이자 권한이 제한된 정부의 정당이었고, 그 이후 극적으로 방향을 좌파 쪽으로 전환했다. 이것이 바로 데이비드 도널드 같은 자유주의 역사학자로 하여금 19세기 공화당의 기원을 그토록 영웅적인 시각에서 찬양하게 하는 이유이다.

12장

링컨은 철도회사의 로비스트였다

링컨 정권 당시 연방 상원의 강력한 재정위원회 위원장이자 셔먼 장군의 동생인 상원의원 존 셔먼은 공화당이 왜 에이브러햄 링컨을 대통령후보로 지명하고 선출했는지를 다음과 같이 설명했다. "링컨을 뽑은 사람들은 링컨이 자유노동자(free labor)* 계층에게 미합중국 영토에 대한 그들의 정당한 권리를 보장하고, 현명한 소득세법을 통해 우리의 노동자들을 보호하며, 국유지를 실수요자인 정착자들에게 나눠주고... 대서양과 태평양 간의 새로운 교통 수단을 개척함으로써 국내의 자원을 개발"해주기를 기대했기 때문이라는 것이었다.

공화당의 관점에서 보면 링컨은 네 가지 이유 때문에 선출되었다. 첫째 백인들만을 위한 영토를 보전하고, 백인 노동자들이 노예든 자유인이든 흑인

---

* 백인 노동자를 뜻한다.

들과 일자리를 두고 경쟁하지 않도록 보호해주며, 둘째 고율의 보호관세법을 통과시킴으로써 모든 소비자, 그중에서도 특히 남부인들에게 피해를 입히는 반면 북부의 제조업자들에게 특혜를 주며, 셋째 역사상 최대의 정치적 후원 프로그램인 홈스테드법을 통해 무상으로 토지를 불하하며, 넷째 납세자들의 세금으로 공화당의 중요한 자금원이 되는 철도기업을 지원해주기로 했기 때문이었다. 그들은 부유*하고 유능한 법정변호사이자 정치인이며 철도산업의 로비스트의 역할까지 해주는 에이브러햄 링컨이야말로 적임자라고 생각한 것이었다.

휘그당은 언제나 돈 많은 엘리트의 당이었고, 링컨은 공화당에 몸담은 기간보다 훨씬 더 오랜 기간 휘그당원이었다. 1830년대 일리노이 주의회 의원으로서, 그는 휘그당 소속의 주의원들을 이끌어 납세자들이 낸 세금에서 1,200만 달러를 도로, 운하 및 철도의 건설에 나선 기업에게 보조해주도록 하는 데 성공했다. 존 스타 2세John W. Starr, Jr.는 1927년 출간된 『링컨과 철도Lincoln and the Railroads』에서, 링컨의 일리노이 주의회 동료 한 사람이 "그는 타고난 정치인"이어서 "우리는 그의 지도에 따랐다"고 말한 사실에 주목하고 있다. 링컨에게는 웅대한 계획이 있었다는 것이다. "주의 북서쪽 끝에 위치한 걸리너Galena로부터 철도가 시작할 것"이며, "세인트루이스 북쪽에서 세 개의 철로가 뻗어나갈 것"이며 "퀸시에서...스프링필드를 지나는 철로도 생길 것"이며, "다른 하나는 와르소에서 피오리아까지 연결"되고 또 하나는 "피킨에서... 블루밍턴까지" 연결된다는 것이었다. 일리노이 주의 납세자들에게는 불행하게도 이 "리더십"은 어마어마한 재정적 붕괴를 초래했고, 글자 그대로 어떤 프로젝트도 완성되지 못했으며, 자금은 모두 낭비되거나 횡

---

* 링컨은 일반 노동자 계급보다는 부유했지만 변호사로서는 그다지 큰 재산을 모으지 못했다.

령되었다.

이 모든 혼란은 주정부와 납세자들에게 재앙이었지만 링컨의 정치적, 법적 경력에는 도움이 되었고, 로비스트라는 말이 만들어지기 전에 그를 최고의 철도산업 로비스트 반열에 올려놓았다.

1860년이 되면 일리노이중앙철도회사는 세계 최대의 기업 반열에 오른다. 이 회사의 연혁을 책으로 낸 (스타Starr가 인용한) 저자 드레넌J. G. Drennan은 "링컨은 일리노이중앙철도회사의 설립(1849년) 때부터 그가 대통령으로 선출될 때까지 지속적으로 회사의 변호사 중 한 명으로 일했다"고 지적하고 있다. 링컨은 회사의 법률담당 임원으로부터 수십 건의 소송을 의뢰받았으며, 회사의 내부자로서 중서부를 여행하는 내내 무료승차권으로 특별차량을 이용했고, 종종 그 회사의 임원들을 수행원으로 동반시켰다. 이것이야말로 미국의 학생들에게 알려진 가난하고 초라한 산간벽지의 통나무꾼이라는 거짓 이미지와는 완전히 정반대의 진짜 모습이다.

한 사건에서, 링컨은 일리노이중앙철도회사의 소유자산에 대해 재산세를 부과하려 했던 일리노이 주의 맥린 카운티를 상대로 한 소송에서 회사 쪽을 맡아 승소했다. 사건에서 승소한 후 그는 회사에 5,000달러라는, 1850년대 단일사건으로는 어마어마한 액수*의 청구서를 보냈다. 링컨이 청구서를 보낸 상대는 회사의 부사장으로, 후에 (링컨이 그를 해임할 때까지) 포토맥 군의 사령관이 되었고 1864년에는 대통령 선거에서 링컨의 적수로 나섰던 조지 매클렐런George B. McClellan**이었다.

---

*   링컨은 승소액을 50만 달러로 평가했으므로 그 평가가 적정하다면 5,000달러의 청구는 승소액의 1%에 해당한다. 실제로 링컨은 여러 철도회사의 소송사건을 많이 맡았지만(링컨 이외에도 철도회사의 사건을 맡은 변호사는 얼마든지 있었다), 그 보수는 건당 10달러 정도로서 그 당시의 화폐 가치에 비추어서도 결코 과다한 보수가 아니었다.
** 매클렐런은 당시 다른 철도회사에서 근무 중이었으므로 이 주장은 옳지 않다는 것이 정설이다.

> 링컨과 그의 친구인 조지 매클렐런 장군은 서로가 공감하는 철도산업의 내부자들이었다.

스타는 링컨이 보수를 받도록 하기 위해 링컨과 매클렐런이 꾸몄음에 분명한 밀약이 있었다고 설명한다. 매클렐런은 당초 뉴욕 본사의 이사회가 일리노이의 "시골 변호사"에게 그토록 엄청난 액수를 지급하는 것을 묵과하지 않을 것이라고 말하면서 보수의 지급을 거절했다. 그러자 링컨은 회사를 상대로 보수청구소송을 제기했다. 링컨이 같은 주의 변호사들로부터 그 정도의 보수는 매우 적정하다고 생각한다는 내용의 선서증언서를 받아들고 법정에 나타났을 때, 회사 쪽 변호사들은 아무도 나타나지 않았다. 링컨은 궐석재판*에 의해 터무니없이 높은 보수를 지급받았다.

스타는 이 모든 에피소드가 본질적으로 회사의 이사회로부터 돈을 사취하기 위한 계략이었으며, 이는 매클렐런이 그 후에도 계속해서 링컨을 고용했던 사실을 통해 입증된다고 주장했다. "링컨은 그 후에도 이전에 했던 것처럼 계속해서 (일리노이중앙철도의) 소송을 맡았다"는 것이다.

1850년대 후반이 되면 "링컨과 강력한 산업세력들 간의 가까운 관계"야말로 그를 정치의 세계에서 언제나 힘 있고 존재감이 있는 인물로 만들어주었다고 널리 알려져 있었다. 요즘 식으로 말하자면 링컨은 부유하고 세력 있는 "K스트리트**의 로비스트"와 같았다. 스타는 조심스러운 말투로 "우연인지는 몰라도 링컨의 [정치적] 부상rise은 철도회사들의 부상과 일치한다"고 말했다.

---

* 우리의 의제자백 판결에 해당한다. 그러나 그 직후 회사 측에서 링컨의 동의를 받아 법원에 변론의 재개를 신청했으며 변론을 거쳐 배심원단으로부터 4,800달러의 평결을 받게 되자 철도회사는 상소를 포기하고 링컨에게 4,800달러를 지급했으며, 링컨은 이 돈을 젊은 동업자인 헌든과 똑같이 나누어 가졌다.
** 수도 워싱턴 시의 가로명. 이 도로 연변에 싱크탱크, 로비스트, 변호사들의 사무실이 즐비하다.

링컨은 일리노이중앙철도회사를 대리하는 일 이외에도 시카고와 앨턴 간 철도회사, 오하이오와 미시시피 간 철도회사, 록아일랜드 철도회사의 사건 또한 대리*하고 있었다. 시카고

> 링컨은 부유하고 힘센 기업들의 정치적 도구였다. 오늘날의 잣대에 비추어서는 그를 "로비스트"라고 불러도 좋을 것이다.

와 미시시피 간 철도회사가 설립되자마자 링컨은 그 회사의 현지 변호사로 위촉되었다. 1860년이 되면 그는 철도산업계에서 가장 인기 있는** 변호사였던 듯하다. 그는 매우 저명해져서 뉴욕 금융업자 에라스터스 코닝Erastus Corning은 그에게 초임으로 연봉 1만 달러라는 당시로서는 엄청난 액수에 뉴욕중앙철도회사의 법률고문직을 제안***했으나 링컨은 이를 거절했다.

링컨은 내부자의 지위를 이용해 돈이 되는 여러 부동산 투기에 뛰어들 수 있었다. 일리노이중앙철도를 대리해 재판에 참여하기 위해 전용철도 차량으로 여행을 하던 중에 그와 그의 일행은 "링컨이 부동산투자를 해놓은 아이오와 주의 카운슬 블러프스Council Bluffs를 방문하기로 결정"했다. 스타는 "그 여행을 하기 직전에 에이브러햄 링컨은 동료 변호사인 노먼 저드Norman B. Judd로부터 얼마간의 읍내 땅을 사들였다. 이 동료 변호사는 그 땅을 시카고와 록아일랜드 간 철도회사로부터 매입해두었다"고 쓰고 있다. 당시 카운슬 블러프스는 인구 1,500명의 개척지 마을이었다. 에이브러햄 링컨이 당시 소

---

* 당시 철도회사의 사건은 지역적으로 넓게 분포되어 있었기 때문에 철도회사의 사건은 링컨 이외에도 다수의 변호사에게 지역 단위로 위임되었다. 링컨은 자신이 참여하던 제8순회법원 구역 내의 사건들을 주로 맡았을 뿐이다.
** 링컨은 일리노이 주에서도 제8순회 법원 구역 내의 사건을 주로 맡았을 뿐이고, 일리노이 주 내에서 저명한 변호사들은 아무래도 대도시인 시카고에 모여 있었다.
*** 이런 제의는 링컨을 하루아침에 전국적 인물로 만든 링컨의 뉴욕 시 쿠퍼유니언에서의 연설을 계기로 이루어졌을 뿐이다.

유했던 토지는 오늘날까지도 "링컨 동산"이라 불린다.

당연히 시카고나 일리노이 주의 스프링필드가 더 크고 더 빠르게 성장하는 도시이자 그에게는 더 친숙했을 텐데, 그는 왜 그 많은 땅 중에 하필 아이오와의 카운슬 블러프스에 투자했던 것일까? 그럴 듯한 이유로는, 정계와 산업계의 내부자였던 링컨이 정부가 결국은 대륙횡단철도를 지원하게 되고 그럴 경우 카운슬 블러프스는 그 철도의 시발점이 될 가능성이 매우 높다는 사실을 알고 있었기 때문이라는 것이다. 그의 지인이자 저명한 철도산업 엔지니어인 그렌빌 다지Grenville Dodge가 그에게 귀띔해주었다는 것이다.

> 대통령이 된 링컨은 자기가 개인적으로 미리 부동산을 사두었던 아이오아 주의 카운슬 블러프스를 정부가 보조금을 지급하는 대륙횡단 철도의 동쪽 시발점으로 선정했다.

대통령에 취임하자 링컨은 1861년 7월 납세자들이 지원하는 유니언퍼시픽 철도회사를 설립하기 위한 "긴급" 법안을 제출하기 위해 연방의회에 특별회기를 요청했다. 만약 전쟁이 신속하게 끝나고 남부의 민주당원들이 의회로 돌아오면 이 계획은 무산되고 말 터였으므로 화급한 문제였다. "유니언퍼시픽 철도법안의 가장 굳건한 지지자는 바로 대통령 자신이었다"고 스타는 쓰고 있다. 법안은 1862년 통과되었고, 이로써 대통령은 모든 임원과 감독관을 임명할 권한을 갖게 되었으며, 더 중요한 것은 이로 인해 그가 유니언퍼시픽 철도의 시발점을 정할 권한을 갖게 되었다는 사실이다. 당연히 링컨은 철도의 동쪽 시발역으로 아이오와의 카운슬 블러프스를 선택했고, 동시에 그렌빌 다지가 철도의 기술감독으로 취임했다.

유니언퍼시픽 철도법안은 북부의 대사업가들이 링컨의 정치활동과 공화당을 지지해준 데 대한 막대한 정치적 대가였다. 디 브라운Dee Brown이 대륙횡단철도의 역사서로는 이미 고전이 된 『저 외로운 기적소리를 들어라Hear That Lonesome Whistle Blow』에서 썼듯이, 링컨은 그 법안에 서명함으로써 미국에서 브루스터, 부시넬, 올컷, 하커, 해리슨, 트로브리지, 랜워디, 리드, 오그던, 브래드퍼드, 노이에스, 브룩, 코넬 및 그 외에도 수많은 부호 가문들의 탄생과 번영을 보장해주었다.

『저 외로운 기적소리를 들어라』에서 디 브라운은 북부의 이 능수능란한 정치꾼들과 사업가들이 북부의 주들을 통과하는 대륙횡단철도의 건설을 위한 자금 명목으로 연방의회에 엄청난 액수의 혈세—거기에는 남부인들이 낸 세금도 포함되어 있는 것인데—의 배정을 요구한 전 과정을 서술했다.

링컨은 토머스 클라크 듀랜트Thomas Clark Durant, 피터 데이Peter Day, 그렌빌 다지Grenville Dodge 및 베네딕트 리드Benedict Reed를 포함하는 뉴잉글랜드, 뉴욕 및 시카고의 강력한 사업가 집단

> 링컨이 소중히 여긴 퍼시픽 철도법안은 그 후 모든 정치적 대가 지불의 선례가 되었다.

과 제휴관계를 맺어왔다. 이들은 모두 운하와 철도의 건설 및 자금조달의 경험이 있는 자들로서, 1857년 록아일랜드와 퍼시픽철도를 대리할 변호사를 찾은 끝에 에이브러햄 링컨을 낙점했다. 이들은 나중에 전쟁 후 정부지원의 대륙횡단철도사업과 관련해 악명 높은 "떼강도 귀족robber barons*"으로서 명예와 부를 쌓아갔다.

공화당의 거의 모든 지도자들이 이 계획에 연루되어 있었다. 나중에 링컨 군대의 장군이 되는 존 프리몬트John C. Fremont**는 북부 캘리포니아의 부유한

---

* 미국에서 19세기에 불공정거래를 통해 부를 쌓은 산업재벌과 은행가들에게 붙여진 조롱 섞인 호칭.
** 서부 탐험가로 이름을 떨친 전력으로 서부군관구 사령관을 맡았으나 패전함에 따라 그보다 규모가 작은 부대장으로 좌천되었다.

토목기사였는데, 그는 "가장 유리한 루트는 샌디에이고가 아니라" 그가 많은 토지를 소유하고 있는 "북부 캘리포니아에서 끝나야" 함을 확실히 보여주기 위해 "대규모의 측량"을 실시했다. 연방 하원의원 새디어스 스티븐스Thaddeus Stevens는 유니언퍼시픽철도법안에 대한 "지지표를 던지는 대가로 (유니언퍼시픽의) 주식을 받았다." 그는 또한 "찬성"표를 던지는 조건으로, (당해 법률에) 당해 철도의 건설장비에 사용되는 모든 강철은 미국산이어야 한다는 조항을 삽입해줄 것을 요구했다. 스티븐스는 펜실베이니아의 철강제조업자였던 것이다. 당시, 영국의 철강제품은 미국 제품보다 쌌고, 스티븐스의 "제한 조항restrictive clause"은 연방 하원의원들의 주머니를 채워주는 대가로 미국의 납세자들로 하여금 수백만 달러를 더 내도록 만든 것이었다.

> 공화당의 지도적 인사들 중 상당수는 정부보조의 대륙횡단철도에서 상큼한 재미를 보았다.

공화당 소속의 연방 하원의원 오크스 에임스Oakes Ames는 "그의 동생 올리버와 함께 매사추세츠에서 삽shovels을 제조했는데, 그는 (유니언퍼시픽의) 충성스러운 동맹군이 되어 전쟁으로 부패해진 의회에서 1864년 유니언퍼시픽 철도법안이 통과되도록 압력을 가했다"고 브라운은 적고 있다. 아이오와에서 캘리포니아까지 철도 노반을 파나가려면 많은 삽이 필요했겠지.

브라운에 따르면, 전후 그랜트 행정부의 통치기간 중 하원의 공화당 대변인 스카일러 콜팩스Schuyler Colfax(후에 그랜트의 부통령이 됨)는 자신을 위해 베풀어진 식전에 참석하기 위해 서부에 깔릴 철도노선 예정지를 방문했다. 그러나 그는 명예에는 별 관심이 없었다. "그는 명예보다 현찰을 더 좋아했고, 워싱턴으로 돌아와서 동료의원 오크스 에임스로부터 크레디트모빌리어Credit Mobilier사의 주식을 한 뭉치 받고서는 기꺼이 유니언퍼시픽의 충성스러운 친구가 되었다"고 브라운은 말한다.

링컨의 장군들 중 한 명 존 딕스John Dix*는 "대부분의 시간을 장군 제복을 입고 워싱턴 시내를 뻐기며 활보하는 데 보냈지만," 사실은 수도 워싱턴의 철도 로비스트였다. 셔먼 장군 자신도 철도회사로부터 시세 이하의 금액으로 토지를 사들였고, 전후에는 대평원의 인디언들Plains Indians에 대한 수십 년간 계속된 인종대학살전을 벌였다. 이는 정부지원의 철도를 위한 길을 내려는 데 목적이 있었음이 분명하다.

전후 링컨의 옛 사업 동료이자 철도회사의 기술감독인 그렌빌 다지는 인디언들을 살해하는 대신 노예로 삼아 "땅고르기grading를 시키고 군대를 배치해서 일을 시키면서 도망치지 못하도록 감시"하자고 제안했다. 그러나 결국은 가능한 한 많은 인디언들을 죽이고, 나머지는 셔먼이 연전에 언급한 바대로 "감시하기 쉬운" 인디언보호구역reservations으로 보내기로 결정되었음이 분명하다.

공화당 설립의 가장 중요한 이유들―첫 번째 이유는 아니더라도―중 하나는, 정치적 후원에 대한 미국 정부 역사상 가장 거대한 보답patronage 프로그램을 수립하기 위해서였다고 해도 과장이 아니다. 이것은 그러한 시스템이 여러 세대에 걸쳐 두고두고 그들의 권력을 공고히 해줄 것이라고 생각했던(그리고 물론 실제로도 그러했다) 에이브러햄 링컨 같은 옛 휘그당원들이 언제나 가졌던 망상이었다. 이런 꿈은 정부지원의 대륙횡단철도의 시작과 더불어 이루어졌고, 이 수상쩍은 업적을 이룩하는 데 가장 중요한 위치에서 영향력을 행사한 인물은 바로 노회한 철도산업 로비스트였던 에이브러햄 링컨이었던 것이다.

* 뉴욕 출신의 정치인, 군인(1798~1879). 재무장관, 연방 상원의원, 주지사 역임.

13장
링컨은 보호무역주의자였다

링컨 신화의 신봉자들을 히스테리 상태로 몰아넣는 것 한 가지가 있다면, 그것은 남북전쟁을 일으킨 원인 중에는 신규 취득 영토 내의 노예제도 문제 외에도 경제적 이슈가 있었다는 주장일 것이다. 일반적으로 이러한 견해는 "다 아는 이야기old chestnut"(이른바 "남북전쟁Civil War"의 역사학자 윌리엄 데이비스William C. Davis가 붙인 이름이다), 또는 "교란용red herring"이라거나, 또는 다른 이상한 식물이나 동물의 이름을 붙이는 수법에 의해 대놓고 비난받고 조롱당한다. 전쟁에 관한 현대의 문학작품들을 살펴보면, 북부와 남부가 관세, 금융, 사회기반시설, 토지정책 및 기타 경제적인 이슈에 대한 대립으로 이전 반세기를 허비해왔음에도 불구하고 경제적 이슈를 언급한 내용은 비교적 찾기 힘들다. 제퍼슨 데이비스와 에이브러햄 링컨은 모두 각자의 첫 번째 취임연설에서 관세문제를 매우 중요하게 언급했다. 그들은 그것이 당면한 주요 이슈라고 생각했음이 분명하다. 이 문제에 대한 침묵에는 미국 역사를 연구하는 학도들의 호기심을 자극할 만한 음모가 도사리고 있다.

이 음모는 필자의 『링컨의 진짜 모습』과 찰스 애덤스Charles Adams의 『인간만사의 탐구When in the Course of Human Events』, 그리고 마크 손턴Mart Thornton 및 로버트 에킬런드Robert B. Ekelund의 『관세, 경제봉쇄 그리고 인플레이션Tariffs, Blockades, and Inflation』의 출간 덕분에 무너지기 시작했다. 손턴과 에킬런드는 전쟁의 "원인, 과정 및 결과를 이해하는 데 경제문제가 필수적"이라고 매우 강력히 주장했고, 전 세계적으로도 내전의 주요 원인은 국제무역정책을 둘러싼 갈등이었음을 보여주는 현대경제학의 연구결과를 인용하고 있다. 1861~1865년의 남북전쟁 또한 다르지 않았다.

미국 관세전쟁에서 울린 최초의 총성

제한되고 지방분권화된 정부와 자유무역을 선호하는 제퍼슨주의자, 이에 반해 더 적극적이고 중앙집권화된 보호무역주의를 지지하는 해밀턴주의자들 간의 극심한 대립은 1820년대 초 관세정책을 둘러싼 남북 간의 갈등에서 극명하게 드러났다. 1824년 헨리 클레이Henry Clay가 제안한 관세법안은 법률로 통과되어 그때부터 평균 관세율은 거의 두 배로 늘었다. 농업기반사회인 남부는 즉시 불안에 휩싸였다. 왜냐하면 보호관세는 농기구에서부터 양털담요에 이르기까지 모든 물건에 대해 남부인들로 하여금 더 많은 돈을 지불하도록 만드는 반면, 오직 북부의 제조업자만 혜택을 받는다는 점은 이미 잘 알려져 있었기 때문이다. 당시 남부에서 제조되는 상품은 거의 없었기 때문에 보호관세로 인한 혜택이 남부에는 실제로 미치지 않았다. 남부에게는 지출만 늘어날 뿐 혜택이 없었던 것이다. 남부는 연방정부의 운영경비에 충당하기에 충분한 수준인 10~15%의 온건한 수입관세는 참을 만했으나, 국제경쟁을 저해하기 위해 만들어진 보호관세에는 견딜 수 없었다. 따라서 남부의 정치지도자들은 헨리 클레이의 1824년 관세*를 약탈의 수단이자, 세금은 균일하면서도 각 주의 인구수에 비례해 부과되어야 한다는 헌법상의 약속을 위반한 것으로 보았다.

북부는 이미 1824년부터 보호무역주의 관세를 무기로 하여 남부를 착취하기 시작했다.

1824년의 관세에 대한 연방하원 투표 결과를 분석해보면 지역 간 대립의 경계선이 이미 그어져 있음을 명백히 보여준다. 관세에 찬성표를 던진 107명의 하원의원 중 3명만이 남부 출신이었다(총 투표수의 2.8%). 64명의 남부 출신 하원의원은 반대표를 던졌다. 상원에서는 25명의 찬성 인원 중 단지 2명만이 남부 출신이었다(총 투표수의 8%). 14명의 남부 출신 상원의원은 반대표를 던졌다.

1824년의 관세율 인상의 성공에 힘입어 연방의회의 경제적 국수주의자들은 링컨의 정치적 우상인 헨리 클레이Henry Clay의 지도 하에 다시 한 번 관세율을 인상하는 데 성공해 1828년에는 거의 평균 50%에 이르게 만들었다. 이 "가증스러운 관세"에 대해 남부 전체, 특히 찰스턴 항이 있는 사우스캐롤라이나 주가 소리 높여 비난했다. 역사학자 촌시 바우처Chauncy Boucher가 『사우스캐롤라이나 주에서의 연방관세법 무효화 논쟁The Nullification Controversy in South Carolina』에서 상술했듯이, 사우스캐롤라이나의 정치인들은 관세란 남부를 북

---

* 1816년의 최초 관세법에 이은 두 번째 연방관세법인데, 이로써 남북 간의 이해대립과 갈등이 두드러지게 된다.

부의 노예 신세로 전락하게 만듦으로써 오로지 북부의 "부패한 정치인"들이 "당원들을 사들여서 권력을 유지"할 수 있도록 해주는 "찬탈 행위"이자 "강도와 약탈의 시스템"일 뿐이라고 비난했다. 물론 그 말이 옳았다.

물론 남부에도 보호무역주의자 및 국내 기반시설에 정부가 투자해야 한다는 주장의 옹호자가 일부 있기는 했지만, 일반적으로 남부는 25년간 북부를 지배한 휘그당 및 그 계승자인 공화당의 주춧돌이 되는 보호관세, 기업에 대한 특혜 및 중앙은행 등의 개념 일체에 대해 단호히 반대해왔다. 1825년 사우스캐롤라이나 주의회는 보호관세, 기업에 대한 특혜 및 연방은행을 비난하는 일련의 결의안을 채택했다.

버지니아, 노스캐롤라이나, 앨라배마가 가증스러운 관세를 거부하는 사우스캐롤라이나에 합류하자 매사추세츠, 오하이오, 펜실베이니아, 로드아일랜드, 인디애나와 뉴욕은 이를 지지하는 정반대의 결의안으로 대응했다. 뉴잉글랜드에서 제조되는 양털담요 따위의 제품을 보호하기 위하여 새로 제정된 관세법 하에서 유럽산 양털담요 같은 몇몇 품목에는 200%의 관세율이 적용되었다.

사우스캐롤라이나는 제퍼슨을 포함하는 다른 주권州權 옹호자들이 연방의 위헌적인 권력탈취에 대항해 투쟁한 선례에 따라, 존 칼훈의 영도 아래 1828년 가증스러운 관세를 무효화했다. 1832년 11월 19일 정치색 짙은 주의회의 회기가 열려 연방관세법이 "미합중국 헌법의 승인을 받지 않은 것이고, 헌법의 진정한 뜻과 목적에 위배되는 것"임을 선언하는 연방관세법의 무효화 법률을 채택했다. 따라서 이는 "무효이고, 효력이 없으며, 법률이 아니므로 우리 주와 공무원이나 시민들을 구속하지 못한다"는 것이었다. 1833년 2월 1일자로 사우스캐롤라이나의 모든 관세징수 업무는 중단되었다.

사우스캐롤라이나는 정색을 하고 덤벼들었다. 무효화 법률은 수입업자들로 하여금 연방관세징수관에게 압수당한 모든 물건을 회수할 수 있도록 허용했다. 주집행관들은 연방관세징수관의 개인재산을 압류하여 수입업자들이 압수당한 물건을 반환받을 때까지 수입업자들이 유치할 수 있도록 허용해주었다. 징수한 관세는 수입업자들에게 이자까지 붙여 환급되어야 했다. 무효화 법률을 거스르려 하는 연방관세징수관들은 벌금형과 자유형에 처해졌다. 관세를 납부하지 않는다고 해서 그 누구도 주교도소에 투옥되지 않았다. 주민병대를 동원해 무효화 법률을 집행하는 데 필요할 경우 무기를 구입할 수 있도록 20만 달러의 기금이 주지사에게 배정되었다.

앤드루 잭슨 대통령은 관세의 징수를 강행하기 위해 위협해보기도 했지만, 1832년 관세의 추가인상 이후 1833년에는 결국 인하된 관세율 타협안에 합의했고 이로써 주들의 연방 탈퇴와 전쟁은 피할 수 있게 되었다.

전 세계의 역사를 통해 알 수 있듯이, 자유무역은 번영을 가져왔고, 보호주의는 전쟁의 위협을 높여왔다. 평균 관세율은 그 후 수십 년 동안 서서히 인하되었다. 남북전쟁 직전에는 19세기를 통틀어 가장 낮은 수준까지 떨어졌다(약 15%).

미국의 농부들을 착취한 관세

왜 남부가 그토록 보호관세에 대해 격분했는지를 이해하려면, 관세가 농업경제에 어떤 영향을 끼치는지를 알아둘 필요가 있다. 보호관세는 어느 국가 내의 수출의존적인 지역에게는 항상 불균형하고 불공평한 부담을 안겨주는데, 19세기 농업사회였던 남부는 생산하는 모든 물건, 특히 면화, 담배, 쌀의 4분의 3 가까이를 수출했다. 해외시장, 주로 유럽에 상품을 판매하던 수출업자들은 경쟁이 매우 치열해져서 관세율 인상으로 인해 높아진 생계비를 해외의 수입업자들에게 떠넘기는 것이 불가능하다는 것을 알게 되었다. 북부의 소비자들 역시 제조된 상품의 가격을 상승시키는 보호관세에 의해 착취를 당했다. 그러나 그들은 대부분 수출업자가 아니었기 때문에 생계를 유지하기 위해 비용을 거래처에 전가하거나 임금의 인상을 요구하는 등

> 고율 관세는 미국의 수입을 격감시키고 그로써 바다 건너의 수출업자들을 곤궁에 빠지게 해 순차로 미국으로부터의 수입, 특히 농산물의 수입을 격감시킴으로써 미국의 농부들은 결국 고율관세에 의한 최악의 희생자가 되었다.

의 방법으로 이를 모면할 수 있었다. 윌슨 브라운Wilson Brown과 잰 호겐던Jan Hogendom이 쓴 유명한 국제경제학 교과서에 설명되어 있는 것도—거의 모든 다른 교과서에도 마찬가지지만—다양한 이슈들에 대한 전문가들의 일치된 의견을 반영하고 있다. "(보호관세) 비용을 더 이상 전가할 힘이 없는 유일한 그룹은 수출업자들이다. 그들은 국제가격으로 물건을 판매해야 하고, 그 비용은 (자신들이) 감수해야 한다. 본질적으로 수입품에 대한 세금은 곧장 수출품에 대한 세금이 되어버린다." 따라서 미합중국 헌법이 수출품에 대한 관세를 금지한다 해도 수입품에 대한 세금(관세)은 본질적으로 동일한 효과를 갖게 된다. 그것들은 간접적인 방법으로 수출업자들을 불공평하게 응징한다. 이러한 부담은 항상 미국 전역의 농부들에게 불공평한 해를 끼치게 된다.

19세기 남부 사람들은 이런 과정을 너무나도 잘 알고 있었다. 왜냐하면 관세가 인상될 때마다 자기들의 수입이 줄어드는 것을 스스로의 눈으로 직접 보아왔기 때문이다. 1828년 9월 1일 뉴욕 주 워터타운의 마이카 스털링Micah Sterling에게 보낸 편지에서 존 칼훈은 "보호관세는 한쪽(북부)에게 재충전할 힘을 주는 반면, 다른 한쪽(남부)에게는 정말 고스란히 부담으로 남을 뿐"이라고 설명했다. 정말로 그랬다. 왜냐하면 남부는 "어떠한 보호도 받을 수 없

고, 소비자로서 지불해야 하는 무거운 세금을 보전해줄 단 1센트도 받지 못하는 해외시장에서의 판매를 위해서 주요 상품을 재배해야 하기 때문"이라고 칼훈은 쓰고 있다.

칼훈은 보호관세가 어떤 식으로 미국의 수출업자들을 불공평하게 해하는지를 직접 체험으로 알고 있었다. 의회에서 행한 연설에서 그는 "높은 세금이 매겨졌던 8년(1824~1832년)동안 우리의 해외통상은… 거의 정지되어 있었다. 그리고… 국내 생산품의 수출은 실제로 격감되었다"고 지적했다. 그는 보호무역주의를 정치적 전쟁의 한 형태라고 보았다. "무엇에 대한 보호?"라고 수사학적으로 묻고 나서 그는 "낮은 가격으로부터의 보호"라고 스스로 답했다.

노벨상을 수상한 경제학자 밀턴 프리드먼Milton Friedman과 그의 아내 로즈Rose는 베스트셀러인 그들의 공저 『선택의 자유Free to Choose』에서, 관세가 오르면 왜 수출이 감소하는지를 다음과 같이 간명하게 설명하고 있다. "예를 들어 섬유에 관세가 부과되면, 이는 국내 섬유산업의 생산과 고용을 증가시킬 것이다. 그러나 미국에서 섬유를 더 이상 판매할 수 없게 된 외국 생산자들의 돈벌이는 감소한다. 이에 따라 그들은 미국에서의 수입을 줄이게 된다. 그러다 보면 감소된 수입과의 균형상 수출도 감소하게 될 것이다." 달리 말하자면, 19세기 중반에 관세는 뉴잉글랜드의 섬유제조공장 소유주들에게는 혜택을 주었지만, 이는 일반적으로 소비자의 희생, 특히 수출에 의존하는 농부들의 출혈로 이루어진 것이었다.

보호관세가 수입의 감소를 야기하면(이것이 보호관세의 유일한 목적이다), 우리의 해외 무역파트너들은 자기들의 나라로 수입할 우리의 수출품—특히 농산물—을 구입할 자금이 말라버린다. 오늘 수입을 규제하면 내일은 반드시 우리의 수출 감소로 연결된다. 그리고 기억해야 할 것은, 19세기 중반의 남부는 압도적인 수출 지향의 경제구조였다는 점이다.

차별적인 관세정책에 대해 불만을 가진 것은 전쟁 전의 남부만은 아니었다. 19세기에는 거의 모든 농업 지역이 생산물의 대부분을 수출하고 있었으므로, 결국 그들 모두는 휘그당과 공화당에 의한 관세정책의 희생양이 되었다. 19세기 후반 동안 중서부의 농부들은 관세가 자신들의 수출에 미치는 효과 때문에라도 열렬한 자유무역주의자가 될 수밖에 없었다. 프랭크 코도로프Frank Chodorov가 『소득세The Income Tax』에서 설명한 바와 같이, "이러한 [중서부] 농부들의 비참한 상황은 정부의 보호주의적 관세정책으로 인해 더욱 악화되었다. 그들의 생산물에서 얻을 수 있는 최상의 대가는 경쟁을 거친 국제 가격world price이었음에 반해 그들이 구대륙에서 사들이는 상품은 온통 세금으로 짓눌려 있었다…대중의 대변자들은 소리 높여 관세의 인하를 요구했다." 이는 전쟁 중 링컨 정부에 대한 북부의 반대세력 대부분이 왜 중서부에서 나왔는지를 잘 설명해준다.

> 남부는 그 생산물의 4분의 3을 수출하는 처지였으므로 보호주의 고율관세로 인해 경제적으로 궤멸상태가 되었다.

또한 1861년 2월 18일에 있었던 남부연맹 대통령 제퍼슨 데이비스의 첫 번째 취임연설에서 그는 노예제도slavery라는 말을 사용하지 않고, "농민들"의 나라인 남부가 자유무역에 무척 의존하고 있다는 사실만을 강조했다. "제2차산업 국가들에 그 필요로 하는 농산품을 수출하는 데 목을 매달고 있는 농민들에게 진정한 정책은 평화이며, 필요한 만큼 최대한의 자유를 허용받는 무역입니다. 이는 우리의 이익이자 우리와 교역을 하는 상대방의 이익이므로 상품의 교역에서는 최소한의 불가피한 제약만이 가해져야 합니다."

링컨의 관세전쟁

새 공화당은 충분한 권력을 얻게 되자 1859~1860년 연방 하원의 회기에 보호주의의 색채가 매우 짙은 모릴 관세법안을 통과시키는 데 성공했다. 『의회공보Congressional Globe』(의회의 공식기록Congressional Record의 전신)에 따르면, 연방 탈퇴파 주들 중에서는 단 한 주(테네시)에서만 찬성표가 나왔고, 40표는 반대표였다. 반면 북부 주에서는 (64표 중에서) 15표의 반대만 나왔다.

공화당은 보호주의를 "해결책"으로 제시한 이유로서 1857년의 심각한 경기침체를 구실로 내세웠다. 그것—경기침체와 실업, 그리고 빈곤층의 증가를 완화시키기 위해 가격을 인상하고 교역을 축소하는 것—은 경제학의 측면에서 말이 안 되는 얘기였지만, 속기 잘하고 대부분 경제에 무지한 북부의 대중은 분명 거기에 매료되었다.

보호무역주의는 1860년(및 그 이후)의 공화당에게는 매우 중요한 개념이어서 역사학자 리처드 벤젤Richard Bensel은 그의 『괴물 양키Yankee Leviathan』에서 그것을 1860년 공화당 강령의 "쐐기돌"이라고 명명했다.

> 1820년대부터는 남부 출신의 연방 의회 의원들로부터 보호무역주의 관세에 대한 더 이상의 지지를 얻을 수 없게 되었다.

대통령으로 선출된 에이브러햄 링컨은 문자 그대로 정치적으로 모든 것을 북부의 보호무역주의 지지세력들에게 빚지게 되었다. 정치의 달인답게 그는 자신이 성공적 정치인이 되려면 그들에게 무언가 보답해주어야만 한다는 점을 잘 알고 있었다. 그를 공화당의 대통령후보로, 또 궁극적으로 대통령의 자리로 밀어준 것은 북부, 특히 펜실베이니아와 뉴저지의 보호무역주의자들이었다. 이 이야기의 중요한 부분은 1944년 7월에 라인하르트 루틴Reinhard H. Luthin 교수가 권위 있는 『미국 역사학회보American Historical Review』에 쓴 "에이브러햄 링컨과 관세Abraham Lincoln and the Tariff"라는 제목의 논문에 잘 나타나 있다. 다음의 논의는 루틴 교수가 기록에 바탕을 두고 설명한 내용이다.

링컨은 그의 정치경력 전체를 통틀어 열렬한 보호무역주의자였다. 그는 다른 어떤 주제보다도 이 문제에 대해 더 많은 연설을 해왔다고 스스로 주장했고, 실제로도 그는 수많은 선거에서 휘그당 소속의 보호무역주의자인 대통령후보들을 적극적으로 지지하는 선거운동을 해왔다. 1860년 일리노이에서 가장 유력하고 영향력 있는 자들은 두 번째로 많은 선거인단 수를 가진 펜실베이니아 주가 대통령후보 지명과 대통령선거에서 중요한 열쇠가 될 수 있음을 알아차렸다. 그들은 또한 철강산업의 심장부인 그 주의 공화당원들이 집요한 보호무역주의자라는 증명서를 갖춘 후보를 원하리라는 사실을 알고 있었다. 링컨은 이에 꼭 들어맞는 인물이었다.

『시카고 프레스 앤드 트리뷴Chicago Press and Tribune』의 영향력 있는 편집인 조지프 메딜Joseph Medill은 기대주인 링컨이 완벽한 후보감이라는 사실을 즉각 알아차렸다. 집요한 보호무역주의자라는 자격증 외에도 링컨은 능수능란한 정치인이자 법정변호사였고, 북부의 부유한 사업가 엘리트들로부터 신뢰받는 일원이었다. 그는 신문에 "링컨은 오랜 클레이Clay류의 휘그파이자 관세를 제대로 매기자고 주장하는 사람이고, 다른 모든 이슈에 대해서도 완전히 제대로 된 생각을 지니고 있다"는 내용의 사설을 실었다. 펜실베이니아에 이보다 더 적합한 인물이 어디 있겠는가?

비슷한 시기에 링컨의 인척인 펜실베이니아의 에드워드 월리스Edward Wallace는 그의 형제 윌리엄 월리스William Wallace를 통해 링컨에게 관세에 대한 그의 견해를 요청했다. 1859년 10월 11일, 링컨은 월리스에게 다음과 같은 편지를 보냈다. "존경하는 귀하: 당신의 형제 윌리엄 월리스 박사가 저의 이

> 링컨은 그의 전 생애에 걸쳐 집요한 보호무역주의자라는 명성을 교묘히 이용해 공화당의 대통령후보로 지명받을 수 있었다.

름을 언급하면서 관세에 대한 제 입장을 알고 싶다며 편지로 답해주기를 요청하는 내용이 담긴 당신의 편지를 보여주었습니다. 저는 유서 깊은 헨리 클레이Henry Clay식 보호관세를 지지하는 휘그파입니다. 예전에 저는 그 어떤 주제보다도 이 문제에 대해 더 많은 연설을 했습니다. 그때 이래로 제 관점에는 변화가 없습니다."

노련한 정치인으로서—미국 역사상 확실히 으뜸가는—링컨은 자신의 보호무역주의적 입장을 너무 공개적으로 털어놓으면 농업지역의 지지를 잃을 위험이 있다는 것을 잘 알고 있었다. 따라서 그는 월리스 박사와 편지를 보낸 다른 사람들에게 관세 문제에 대해 교환한 서신들을 비밀에 부쳐줄 것을 요청했다. 더 나아가 그는 친구인 데이비드 데이비스*에게 이전에 자기가 행한 관세 지지연설문 11개의 원본을 주어 그를 펜실베이니아에 개인 사절로 보냈다. 유력한 펜실베이니아 주 하원의원 새디어스 스티븐스에게는 또 다른 개인사절로 윌리엄 레이놀즈William Reynolds를 보내어 자신의 보호주의 관점을 확고히 전달해두었다.

데이비스는 1860년 8월 내내 주 전역을 훑으며 공화당 지도자들을 만나 보호무역주의를 지지하는 링컨의 연설문들을 보여주었다. 펜실베이니아 주 상원의원 사이먼 캐머런Simon Cameron은 링컨이 처한 정치적 딜레마를 알고 있었으므로 데이비스에게 농업지역의 유권자들이 링컨의 교조적인 보호무

---

* 링컨의 변호사 시절에 일리노이 주 순회법원 판사로서 링컨의 선배이자 스승 역할을 한 사람 (1815~1886). 대통령이 된 링컨에 의해 연방대법관에 임명되었다. 후에 연방대법원장 자리를 제의받았으나 거절했다.

역주의적 관점에 대해 알게 되면 곤란하다며 "이것들(연설문)이 신문에 실려서는 안 된다"고 충고했다.

링컨의 전략은 성공했고, 보호관세법안이 시카고대회에서 투표에 부쳐졌을 때, "펜실베이니아와 뉴저지 주의 대표단은 관세결의안에 대해 열광적인 박수를 보냈고, 그들의 환호는 주위로 퍼져서 마침내는 장내의 청중 모두에게까지 번졌다"고 루틴은 기록하고 있다. 한 목격자는 보호무역주의 법안이 통과되자 "수천 명이 함성을 질렀고, 수천 개의 모자와 손수건들이 열렬하게 나부꼈다. 굉장한 환호였다"고 회상했다.

이를 읽고, 남부의 정치인들은 1828년 보호관세로 인해 자신들의 경제가 파멸되리라고 예감했을 때보다 훨씬 더 큰 불안을 느꼈다. 링컨이 후보자 지명을 받고 스프링필드의 집으로 돌

> 링컨은 대통령에 당선되고 나자 평균 관세율을 인상하는 것보다 더 긴요한 현안은 없다고 선언했다.

아왔을 때, 공화당은 "국내 산업을 보호하자!"라고 쓴 거대한 표지판을 실은 "커다란 마차"를 축하 행렬의 전면에 내세웠다고 루틴은 쓰고 있다. 실제로도 이것은 1860년 링컨과 부통령 후보자 한니발 햄린Hannibal Hamlin의 모습을 담은 공화당의 정, 부통령 선거운동 포스터의 하단에 적힌 슬로건이었다.

일단 대통령에 선출되자 링컨은 모릴 관세법안의 상원 통과를 위해 공개적으로 득표운동을 펼쳤다. 1861년 2월 19일* 피츠버그와 펜실베이니아에서의 연설에서, 그는 청중들을 향해 하원의원들에게 관세를 인상하는 것보다 더 중요한 문제는 단 하나도 없다고 말했다. 펜실베이니아 출신 대통령 제임스 뷰캐넌James Buchanan은 링컨의 취임 이틀 전인 1861년 3월 2일에 모

* 대통령에 당선되었으나 아직 취임 전

릴 관세법안에 서명했다. 루틴은 다음과 같이 말하고 있다. "모릴과 오하이오의 존 셔먼과 펜실베이니아의 새디어스 스티븐스가 법안이 하원을 통과하도록 배후조종했다. 펜실베이니아의 사이먼 캐머런과 부유한 섬유공장 소유주인 로드아일랜드의 제임스 시먼스James F. Simmons가 상원을 통과할 수 있도록 이끌었다."

첫 번째 취임연설에서 링컨은 놀랍게도 관세문제에 대한 도전장을 냈다. 글자 그대로 최근 2배로 증액된 관세를 징수하지 못하는 주가 있다면 어떤 주든지 공격당할 수 있다는 협박을 한 것이다. 노예제도에 관한 문제에서는 100퍼센트 참을성을 보여주면서 그는 연방정부가 남부의 노예제도에 간섭하는 것을 영원히 금지하는 내용으로 헌법을 수정하는 것을 지지하겠다고 맹세하기까지 했다. 그러나 관세징수에 대해서만큼은 그는 타협의 여지가 없이 강압적이었다. "유혈사태나 폭력은 필요 없다. 그리고 국가 권위가 침해받지 않는 한 그럴 일은 없을 것이다."

> 그의 첫 임기 취임연설에서 링컨은 새로 배증한 관세율에 따라 관세를 징수하기를 거부하는 주에 대해 군사적 침공도 불사하겠다고 다짐했으며, 결국 그 약속을 지켰다.

그의 말이 무슨 뜻인가? 무엇이 유혈사태와 폭력을 야기하는가? 관세를 징수하지 않으면 그렇게 된다는 뜻이다. "연방정부에 속하는 재산을 보전하는 것"이 자신의 의무라는 당연한 말을 하고 나서, 그는 나아가 "세금과 관세를 징수"할 자신의 의무에 대해서도 언급했다. "그러나 이러한 목적을 위해 요구되는 범위를 벗어나는 공격이나 국민에 대한 무력사용은 없을 것"이라고 말했다. 달리 말하면, 돈을 내지 않으면 죽는다는 뜻이다. 1828년의 사우스캐롤라이나처럼 관세징수를 하지 않으면, 그 주에 대해 군사공격을 할 것이라고 링컨은 선언한 것이었다. 그는 세금징수에 관해서만큼은 30년 전에 앤드루 잭슨 대통령이 그랬던 것처럼 물러설 생각이 없었던 것이다.

섬터 요새 사태 2주일 후 링컨은 전쟁의 첫 수순으로 해군으로 하여금 남부의 항구들을 봉쇄하도록 했는데, 이는 의회의 개입 없이 위헌적으로 진행한 일이었다. 연방을 탈퇴한 주들은 수도 워싱턴에 관세를 바칠 의도가 전혀 없었고, 그래서 링컨은 봉쇄조치의 목적이 본질적으로 "카이사르의 것을 카이사르*"에게 주기 위함이라고 밝혔다. 그는 해군에 의한 봉쇄조치의 유일한 이유가 관세징수에 있다고 말했다. 이것이 바로 미국의 37년 묵은 관세분쟁이 실제로 전쟁으로 비화한 경위이다.

경제학자 로버트 맥과이어Robert A. McGuire와 노먼 밴 코트T. Norman Van Cott가 2002년 권위 있는 경제학저널인 『이코노믹 인콰이어리Economic Inquiry』에서 남북전쟁의 촉발제로서의 관세의 역할에 대해 분석한 뒤, "관세문제는 실제로 남북 간 긴장관계를 남북전쟁으로 발전시키는 데에 현재 많은 역사학자와 경제학자들이 생각하는 것보다도 훨씬 더 중요한 문제였을지도 모른다"는 결론을 내렸지만 주변을 의식해 말조심한 감이 짙다.

---

* 신약성서 마태복음 제22장 21절.

14장
링컨은 통화팽창주의자였다

에이브러햄 링컨은 1832년 일리노이 정계에 처음 입문하면서 다음과 같이 선언했다. "나의 정치관은 노부인의 춤처럼 단순명료하다. 나는 국립은행National Bank*에 찬성하고, …사회기반시설의 확충과 고율의 보호관세에 찬성한다." 기업에 대한 특혜와 보호무역주의에 대해서는 앞의 두 장章에서 이미 논의한 바 있다. 문구 하나하나에 신중해야 하는 사실심 변호사 링컨이 국립은행을 자신의 최우선 순위에 두었음은 의미심장하다.

1832년은 미합중국은행Bank of the United States, BUS의 재인가**를 놓고 중대

* 미연방 재무부에 의해 설립인가되는 은행. 이에 반해 "주은행State Bank"은 주에 의해 설립인가된다. "미합중국 제1은행"과 "미합중국 제2은행"이 국립은행에 해당했다. "중앙은행Central Bank" 또는 "연방은행Federal Bank"이라고도 부른다.
** "미합중국 제1은행The First Bank of the U.S"은 1791년 인가되었으나 당초 인가조건대로 20년의 존속기간이 지난 1811년 재인가를 받지 못함으로써 소멸되었다. 본문의 "미합중국은행"은 "미합중국 제2은행"이라고 불리는 존재로서 1816년 존속기간을 20년으로 정해 인가받았으나 1836년 재인가를 받지 못하고 1841년 파산했다.

한 정치적 대결이 펼쳐진 해였다. 전투는 앤드루 잭슨 대통령과 은행 총재인 니콜라스 비들Nicolas Biddle 사이에 벌어졌다. 비들 편에는 헨리 클레이와 링컨을 포함하여 후에 휘그당의 중심세력이 될 사람들이 있었다. 반대편에 선 사람들은 제퍼슨의 정치적 전통을 잇는 후계자들로서 이들은 특히 남부에서 강력한 존재였다.

국립은행은 가히 휘그당 세력의 생명선이었고, 휘그당이 1830년대 초에 모습을 갖추는 데 결정적 역할을 해준 존재였다. 당시 정치인들 중 에이브러햄 링컨만큼 국립은행의 부활을 위해 적극적으로 나선 사람은 없었다. 『미국 휘그당의 흥망The Rise and Fall of the American Whig Party』에서 버지니아 대학교의 역사학자 마이클 홀트는 1840년, 1844년, 1848년의 총선기간 동안 링컨이 얼마나 "종횡무진(일리노이) 주를 누비며 국립은행의 지지와 같은 휘그당의 핵심 프로그램을 열정적으로 설득력 있게 옹호하고 다녔는지"에 대해 쓰고 있다. 링컨은 단지 프로그램을 옹호하는 데서 그치지 않았으며, "당 내부에서 경제적 강령에 관해 링컨만큼 헌신적으로 전념한 사람은 없었다"는 것이 홀트의 말이다.

미국 통화의 역사에 관해 『미국의 통화정책Monetary Policy of the United States』을 쓴 조지아 대학교의 경제학자 리처드 팀버레이크Richard Timberlake는 중앙은행이 휘그당에 대해 가지는 중요성

> 링컨이 1832년 정치에 입문하게 된 동기로 내세운 첫째 이유는 국립은행체제를 수립하자는 운동을 하기 위해서였다는 것이다.

에 관해 홀트 교수가 내린 판단에 동조했다. "휘그당에게…국립은행은, 그것이 없으면 그들이 당으로서 유지될 수 없는 그들의 생명에 필수적인 원칙이었고, 그들에게 권력을 주는 원천이었다…이를 잃는다는 것은 선거의 과실을 잃는 셈이며, 결국 정당 그 자체의 파멸을 의미하는 것이었다."

달리 말해서, 휘그당은 언제나 국립은행을 이용해 금이나 은으로 태환될 수 없는 종이돈을 찍어냄으로써 어마어마한 후원자보답자금을 마련해 그들이 원하는 대로 한없이 그들의 권력을 유지하는 수단으로 삼고자 했던 것이다.

은행전쟁

미합중국은행을 둘러싼 앤드루 잭슨과 니콜라스 비들 간의 대립을 가장 잘 설명해주는 출판물은 로버트 리미니Robert Remini의 『앤드루 잭슨과 은행전쟁 Andrew Jackson and the Bank War』이다. 리미니는 어떻게 잭슨이 금이나 은으로 태환될 수 없는 종이돈을 "사기꾼과 협잡꾼의 도구"라고 단죄하게 되었는지를 설명해준다. 잭슨에게는 "오직 경화hard money 내지 정화(즉 금이나 은)만이 진정한 돈이었다. 그 외의 것들은 정직한 자들에게서 훔쳐내려는 사기의 도구"에 다를 바 없었다.

잭슨은 또한 자유를 수호하는 데 주권州權이 차지하는 중요성이라는 관점에서 국립은행은 위헌이라고 믿었다. 그러나 최종판단권자인 연방대법원은 그에게 동조하지 않았다. 리처드 팀버레이크는 왜 이런 믿음—국립은행이 정치권력의 중앙집중을 초래할 위험성을 갖고 있다는 믿음—이 당시 팽배했는지 설명하고 있다 "주들은…연방정부로부터 야금야금 잠식을 당하게 될까 봐 몹시 경계하고 염려하고 있었다. 중앙은행은 필연적으로 연방은행이 될 것이고 멀리 떨어진 중앙에서 주마다 지점을 유지, 운영할 것이기 때문에 주권州權의 옹호자라면 국립은행에 대한 반대를 의무로 여길 정도였다."

잭슨은 중앙은행이 북부의 은행가들의 지배 하에 들어가 정치를 원격조종하는 데 악용되어 경제적, 대중적 폐해를 끼치게 될까 봐 두려워했다. 리미니는, 중앙은행에 대한 가장 치열한 반대는 남부에서 유래했고 가장 강력한 지지세력은 뉴잉글랜드였다고 지적했다.

잭슨에게는 정치적으로 이용되는 중앙은행을 두려워할 만한 충분한 이유가 있었다. 국립은행의 초대 총재는 미 해군대령 출신의 윌리엄스 존스Williams Jones였는데, 그는 은행 경험이 전혀 없었고 개인적으로는 파산한 인물이었다. 그러나 그는 정치적 연줄이 많았으므로 완벽한 무자격자임에도 불구하고 자리를 얻었다. 경제학자 머리 로스바드Murray Rothbard는 그의 『1819년의 공황The Panic of 1819』에서 미국 최초의 심각한 불황이었던 "공황panic"을 초래한 장본인으로 존스를 지목해 비난했다.

국립은행의 제2대 총재는 은행의 정치화를 가속화한 니콜라스 비들이었다. 리미니는 어떻게 비들이 국립은행에 대한 지원을 약속한 연방의회 의원들에게 시중금리 이하의 이율로 돈을 빌려주고, 이른바 "자문계약"을 체결해 그들을 유급 고문으로 모셨는지를 상세히 기록하고 있다. 이런 대출금과 "자문료"는 본질적으로 국립은행에 예치되어 있는 납세자들의 돈으로 지불되는 정치헌금이었다. 잭슨의 재무장관이자 장래 미합중국 연방대법원장이 되는 로저 토니Roger B. Taney는 국립은행의 "뇌물로 매수하기"와 "집권정부의 후원자 은혜 갚기보다도 더 큰 씀씀이로 보답하기"에 대해 불만을 터뜨렸다. 토니가 염두에 두었던 것은 아마도 헨리 클레이의 전기작가 모리스 백스터Maurice Baxter가 『헨리 클레이와 미국 시스템Henry Clay and the American System』에서 자세히 기록한 사기 수법들이었을 것이다. 클레이는 4만 달러가량의 개인적인 채무를 지게 되자 1822년부터 3년간 연방의회를 떠나 국립은행에서 법률고문의 역할을 맡았다. 그가 은행에서 얻은 수입은 "그가 진 빚을 갚는 데 충분한 금액이었음이 분명"하다고 백스터는 기록했다. "1825년 그는 국무장관이 되기 위해 법률고문직을 사임하면서 자기가 그동안 받은 보수를 만족스럽게 생각했다."

> 제퍼슨과 제퍼슨주의자들은 국립은행은 필연적으로 부패와 경제 불안정을 초래할 염려가 있다는 이유로 격렬한 반대에 나섰다. 그들이 옳았고 링컨과 휘그당은 그릇되었던 것이다.

또 한 사람의 저명한 휘그당원인 대니얼 웹스터Daniel Webster*는 국립은행에서 뇌물과 정치헌금을 받기 위해 일부러 의회에서 사임할 필요도 없었다. 백스터는 웹스터가 비들에게 "나와 은행의 관계가 지속되기를 원한다면" "고문료"를 내라고 단도직입적으로 요구했다고 쓰고 있다.

비들은 더 나아가 1828년 총선기간 중 앤드루 잭슨이 주장했던 대로 연방은행은 정치적 부패와 배후조종의 원천임을 보여주었다. 잭슨의 정치적 반대자를 지지하는 데 국립은행에 예치된 납세자의 돈에서 10만 달러 이상을 사용했고, 우호적인 정치인들이 지지표를 던져주는 데 대한 대가로 그들의 지역구와 주 내의 "사회기반시설"에 국립은행의 자금지원을 약속했고, 국립은행을 지지하는 헨리 클레이의 연설문을 인쇄하는 비용을 부담했으며, 비들 자신과 국립은행을 홍보하고 잭슨을 공격하는 신문광고에 돈을 쓰는 등, 결국 잭슨이 우려한 대로 정치적 부패와 배후조종의 폐해를 여실히 보여준 것이었다.

연방대법원이 국립은행은 합헌이라고 판시하자 잭슨은 "당신들 의견은 고맙지만 내 의견은 다르며, 내 의견도 당신들 못지않게 타당하다"는 요지로 반박했다. 연방대법원이 위헌 여부에 대한 최종적 판단권자로 된 것은 1865년부터였으므로, 당시에는 잭슨의 말에 일리가 있었다. 국립은행에 대한 마셜 대법원장의 의견에 대해 잭슨은 다음과 같이 말했다.

* 미국의 저명한 정치인 겸 법률가(1782~1852). 연방대법원 사건을 가장 많이 맡아 변호한 변호사로서도 유명하며, 국무장관 역임.

이런 결론에 대해 나는 동의할 수 없다. 의회와 대통령은 대법원과 마찬가지로 헌법에 대해 각자 자신의 고유한 견해를 자신의 지침으로 삼으면 된다...의회의 의견이 사법부의 의견보다 우월한 권위를 갖지 못하듯, 사법부의 의견 또한 의회의 의견보다 우월한 권위를 갖지 못하며, 그런 점에서 대통령은 양자로부터 독립되어 있다. 따라서 의회나 행정부가 자신들의 법적 권한의 범위 내에서 행동할 경우, 이를 통제할 권한을 연방대법원에게 허용해서는 아니 된다.

잭슨은 국립은행에 대한 자금을 말려버리기로 작정하고 그대로 밀고 나갔다. 클레이, 웹스터, 링컨이 한 쪽에서 국립은행제도의 재도입을 지지하면, 다른 한 쪽에서 칼훈, 존 타일러John Tyler* 대통령과 같은 제퍼슨주의자들이 이를 반대하는 형국으로, 중앙은행에 대한 말싸움은 그 후 수십 년간 계속되었다.

국립은행을 둘러싼 30년에 걸친 싸움에서 링컨의 역할

국립은행들이 존속기간이 만료하도록 재인가를 받지 못한 채로 문을 닫음으로써 독립재정시스템**으로 알려진 새로운 은행시스템의 수립이 시도되었다. 이는 1840년에 시작되었다가 잠시 권력을 장악한 휘그당에 의해 1841년 폐지되었으나, 1846년에 다시 도입되었다. 그리하여 이 제도는 링컨 행정부가 1862년 폐지할 때까지 미합중국의 지배적인 은행시스템이 되었다. 독립재정시스템의 시대는 "자유금융시대"로 알려져 있다.

국립은행을 둘러싼 거대한 논쟁에서 주된 쟁점은 통화가 금이나 은으로

---

* 미국의 제10대 대통령(1841~1845). 원래 부통령으로 취임했으나 제9대 해리슨 대통령이 취임한 지 한 달 만에 사망하자 이를 승계했다.
** 정부의 자금을 은행 대신에 연방 재무부에 보관하는 체계.

태환 가능해야 하는지의 여부에 대한 것이었다. 제퍼슨주의자들은 은행들이 인플레이션을 유발하고 때로는 인위적으로 경기를 부양하는 등 경기의 호황과 불황의 악순환을 초래하지 못하도록 그 권능에 제약을 가하기 위해서라도 태환성이 있어야 한다고 주장했다. 제퍼슨주의자들의 주장에 의하면, 정화로의 태환이 불가능한 화폐는 바로 위폐counterfeit이며 필연적으로 경제적 혼란을 야기한다는 것이었다.

휘그파와 그 후의 공화당원들은 금이나 은으로 태환이 불가능한 지폐를 마구 찍어 조달한 재원으로 정치적 후원자들에게 보답하여 자기들의 정치 세력을 공고히 하는 데 몰두했다. 그들은 통화팽창주의적 재정 운영이 국가 경제에 어느 정도 유익하다는 터무니없는 억지를 부렸지만, 이는 당시의 경제학자들에게조차 받아들여질 수 없는 공허한 주장이었다.

독립재정시스템 하에서 유일하게 합법적으로 식별 가능한 화폐는 금화와 은화였다. 모든 통화는 요청만 하면 언제든지 그 두 가지의 형태로 태환이 가능했다. 휘그당에는 원통한 일이었지만, 이 시스템 하에서 은행들은 거의 통화를 팽창시킬 수 없었다. 만약 충분한 금과 은을 보유하지 못한 채로 통화를 팽창시켰다가는 그대로 파산하게 된다. 제프리 험멜Jeffrey Hummel, 리처드 팀버레이크Richard Timberlake 같은 뛰어난 경제사가들이 그들의 저술에서 이 시스템을 격찬한 것도 이런 이유에서였다. 험멜은 자유금융시대free-banking era에 대해 연구한 끝에, 비록 결점도 있긴 하지만, 이는 미국 역사상 가장 안정적인 금융시스템이었다는 결론을 내렸다. 팀버레이크는, 독립재정시스템은 아마 당시 국가가 취하고 있던 금본위제gold standard의 틀 안에서 "최적"의 재정시스템이었을 것이라고 결론지었다.

자신의 정치적 우상이자 당 지도자였던 헨리 클레이처럼 링컨은 독립재정시스템에 필사적으로 반대했다. 그리하면 휘그당이 금이나 은으로 태환할 수 없는 지폐를 마구 찍어 자신들의 후원기업에게 보답해줄 자금에 충당할 기회를 박탈당할 터이기 때문이었다. 1839년 12월 26일 그는 이 시스템에 반대하면서, 경제학자들이 "불환지폐fiat money*"라고 부르는 메커니즘을 통한 통화팽창주의 재정운영을 지지하는 연설을 했다. 독립재정시스템은 경제 불안을 초래한 원흉이며, 다른 시스템에 비해 관리비용도 많이 들고, 불안정한 자금보관 방식이며, 화폐의 유통량을 감소시키기 일쑤라고 비난하면서, 이에 대한 격렬한 비난을 퍼부은 장황한 연설이었다. 그러나 나중에 보면 그가 내건 이런 혐의들 중 그 어느 것도 진실이 아닌 것으로 판명되었다.

> 북부의 여느 휘그당원들이나 마찬가지로 링컨은 금으로 태환이 가능한 건전한 화폐제도에 강력히 반대하는 입장에 서 있었다.

링컨의 연설 대부분은 전후모순이었다. 예를 들면, 그는 은행으로 하여금 금이나 은의 준비금을 보유하도록 요구하면 결국 "모두가 다소간에 고통을 겪게 될 것이며, 무척 많은 사람들이 바람직한 삶을 가능하게 해주는 모든 것을 잃게 되는" 상황을 초래할 것이라고 주장했다. 따라서 링컨이 보기에는 독립재정이란 개념은 전국적으로 자살을 전염병처럼 유행시킬 수도 있는 해로운 생각에 다름 아니었다! 그러나 "바람직한 삶을 가능하게 해주는 모든 것"을 잃은 사람이라면 대부분 그렇게 되기 마련인 것이다.

링컨은 종교적인 인물이 아니었고, 교회에 나간 적도 없으며, 결코 자기가 기독교인이라고 인정한 적이 없었다. 그런데도 그는 신자인 청중들 앞에서 정치 연설을 할 때면 종교적인 수사를 들먹거림에 능란했다. 위의 연설에서 그는 다음과 같이 말했다: "구세주the Savior께서는 열두 사도를 선택하셨는데,

---

* 금이나 은으로 태환되지 않는 지폐.

초인적인 지혜로써 선택하신 몇 안 되는 자 중에서도 한 명이 배신자이며 악마임이 밝혀졌습니다. 그리고 유다가 가방을 들고 있었다는 점, 즉 그가 구세주와 제자들의 경리담당자였다는 사실을 첨언하더라도 이 자리에 부적절하지는 않다고 봅니다."

여기서 링컨이 지적코자 한 것은, 유다가 예수 그리스도를 배신한 것처럼 독립재정시스템과 그 "경리담당자"도 미국의 대중에게 반역적일 수 있다는 점이었다. 유다를 제거함으로써 예수를 박해로부터 구할 수 있었을지도 모르듯이, 독립재정시스템을 없애서 운하와 철도의 건설에 종사하는 기업에게 특혜를 제공하기 위한 자금용으로 휘그당 지배 하의 정부가 미친 듯이 지폐를 찍어낼 수 있도록 허락해야만 미국은 "구원받을 수" 있다는 것이었다(또한 그 말대로라면 수많은 자살도 예방할 수 있을 터였다).

약 1년 후 링컨은 일리노이 주의회의 지도자 자리에 앉았고, 일리노이 주 은행을 감사하려는 민주당의 시도를 거듭 방해했다. 그 은행은 링컨과 일리노이 주 휘그당이 책임을 지고 추진한 "사회기반시설" 사업에 자금을 지원해왔으나 그 사업들은 결국 모두 실패해서 준공을 보지도 못했던 것이다. 그런 만큼 그들이 회계감사를 달가워할 이유가 없었던 것이다

그러자 1840년 12월 일리노이 주 민주당은 지폐 대신에 금화와 은화로의 태환지불을 요구했다. 링컨은 이런 결과만큼은 정말 피하고 싶었기 때문에 태환을 요구하는 투표가 실시되던 날, 의사당 출구를 향해 달려 나가면서 휘그당 소속 동료의원들에게 자기를 따를 것을 지시했다. 정족수가 되지 않으면, 의회는 투표할 수 없게 되어 정화로 지불할 의무가 좀 더 미루어짐을 의미했다. 민주당 지도부의 지시로 문이 잠기고 방호원들에 의해 출입이 통제된다는 사실을 재빨리 알아차리자 링컨은 1층 창문을 통해서 글자 그대로 뛰어내렸고, 휘그당 동료 의원들이 그 뒤를 따랐다. 그 후로 주의회의 민주

당원들은 그들을 "폴짝 뛰는 링컨과 날아가는 그 형제들Leaping Lincoln and his flying brethren"이라고 놀려대었다. 그들의 곡예는 실패했다. 일리노이 주의 정직한 화폐honest money를 받아들임으로써 링컨과 휘그당은 다시 한 번 패배한 것이었다.

경제학자 머리 로스바드는 그의 저서 『정부는 국민의 돈을 어떻게 했나What Has Government Done to Our Money』에서, 모든 대립과 분쟁의 근원인 "정화 지불의 중지"라는 문구의 의미에 대해 명쾌하게 설명하고 있다. 이 설명은 에이브러햄 링컨 및 그의 동료 휘그당과 공화당 소속의원들이 수십 년을 두고 달성하고자 그렇게도 끈질기게 추구해온 배경이 무엇이었는지를 일목요연하게 보여준다.

> 정부가 인플레이션을 조장하는 가장 단도직입적인 방법은…은행에게, 은행이 영업은 계속하면서도 자신들의 채무이행을 거절할 수 있는 특권을 주는 일이다. 누구든지 자신의 채무를 갚지 않으면 파산하게 되는데, 은행은 자신의 채무자에게는 기한이 도래한 대출금을 상환하라고 강요하면서도 정작 자기의 채무변제는 거절해도 좋다는 허락을 받는다. 이를 가리켜 일반적으로 "정화지불의 중지"라고 한다. 더 정확한 표현은 "도둑질의 면허"라고 할 수 있다. 아니라면 자신의 계약을 이행하지 않고도 사업을 계속할 수 있도록 정부가 허가해주는 경우를 달리 뭐라고 불러야 하겠는가?

독립재정시스템의 성공으로 인해 휘그당은 후원자들에게 약속했던 수많은 공약들을 이행할 수 없게 되었다. 팀버레이크 교수가 국립은행은 링컨과 같은 휘그당원들에게 휘그당이 정당으로 존속할 수 있도록 해주는 바로 그 근거였다고 말한 것도 이런 이유에서였다. 그들이 1833~1853년의 기간 동안 보호관세를 "실천"에 옮길 수 없게 되자 결국 당은 붕괴되었다. 그렇게 되자 보호무역주의, 후원기업에 대한 특혜, 그리고 국립은행을 선호하는 유권자들은 공화당원으로 변신했다.

> 70년에 걸친 정치적 다툼을 거친 끝에 마침내 국가의 화폐공급체계를 국유화한 것은 링컨의 정부였다.

링컨이 대통령이 되고 남부 민주당이 이에 반발해 의회를 떠났을 때, 옛 휘그 연합은 마침내 권력을 차지했다. 그들은 즉시 관세율을 열 배로 인상하고, 정부지원의 대륙횡단철도 건설을 시작하고, 독립재정시스템을 국영화폐공급시스템으로 대체했다. 1862년 2월 25일 법정 통화법이 통과되어 재무장관에게 금 또는 은으로 즉시 태환할 수 없는 달러지폐("그린백greenbacks")를 발행할 수 있는 권한을 부여했다. 1863년과 1864년의 연방통화법은 은행에 대한 연방특허제도를 만들어 특허를 받은 연방은행이 신설된 통화관리관이 재가하는 은행권을 발행할 수 있도록 허용하고, 주 은행권(주 정부가 특허한 민간은행에서 발행된 통화)에는 10퍼센트의 세금을 부과해 이들을 업계에서 퇴출시킴으로써 미국 역사상 최초로 연방이 화폐에 관해 독점하는 시스템을 수립했다. 비록 정화로 태환할 수 없는 지폐의 발행은 위폐를 합법화하게 된 셈이지만, 동시에 민간의 위조를 단속하는 재무성 검찰국Secret Service이 창설되었다. 이왕에 위조할 바에는 이 분야도 미국 정부가 독점을 하겠다는 심보였다.

이것은 미국에서 화폐와 국가의 분리를 단번에 완전히 종식시켰다. 경제학자 머리 로스바드가 자신의 『미국의 화폐와 은행의 역사A History of Money and Banking in the United States』에서 썼듯이, "지폐발행제도 및 통화팽창금융에 대한 정부의 통제와 후원을 찬양했던 휘그당의 강령을 물려받은 공화당은, 그런 방식으로 미국의 시스템에 지폐의 전통을 영구히 고착시켰다." 정부가 발행한 지폐가 범람하게 되자 1863년 중반에야 발행된 "달러지폐"는 1년 남짓이

지난 1864년 7월에는 벌써 금화 35센트의 가치밖에 되지 않았다.

공화당이 자리 잡으면서 거의 모든 통화가 당과 밀접하게 연관된 월 스트리트의 몇몇 은행에서만 발행되는 시스템을 탄생시켰다. 『지상 최대의 국가The Greatest Nation on the Earth』에서 역사학자 헤더 콕스 리처드슨Heather Cox Richardson은, 존 셔먼John Sherman 상원의원이 정당의 목적은 "시민이 주에 앞서 연방을 사랑하도록 가능한 한 많은 것들, 심지어 통화까지도 국영화하는 것이다. 모든 사익, 지역의 이익, 금융 이익, 개인의 이익, 이 모든 것은 이제 정부의 이익보다 하위에 존재해야 한다"고 한 말을 인용하고 있다. 이 말은 제퍼슨의 "최소한의 정부가 최선의 정부"라는 철학과는 완전히 상충하는 것이다. 링컨을 포함해 공화당은, 제퍼슨주의를 몰아내고 정부권력을 수도 워싱턴에 집중시키며, 마침내는 보호무역주의, 국채발행, 연방은행제도 및 후원기업에 대한 특혜를 옹호하는 해밀턴주의의 시스템을 실행하기 위한 자칭 십자군전쟁에서 화폐공급의 국유화야말로 없어서는 안 될 중요한 무기라고 생각했던 것이다.

> 국유화된 통화공급체계는 미국을 입헌공화국에서 제국empire으로 변신시켜버렸다.

미 하원의 금융법안 후원자는 뉴욕 주 버펄로 출신 은행가인 엘브리지 스폴딩Elbridge G. Spaulding 하원의원이었다. 스폴딩은 새로운 금융시스템이 결국은 그 자신(그리고 링컨)과 같은 정치인들이 여러 해를 두고 싸워온 바로 그것, 즉 자기 당이 무제한으로 후원자들에게 보답할 길을 열어줄 것이라며 환호했다.

리처드슨은 오랜 기간 열망해온 정치적 승리를 축하하는 내용의 1863년 3월 9일자 『뉴욕 타임스』 사설을 자기의 책에 그대로 인용했다. "법정통화법과 연방통화법에 힘입어…해밀턴조차 훌륭하다고 찬양해줄 만큼 좋은 결실을 맺어 권력의 중앙집중을 완성했다."

켄터키 주 출신 민주당의원 라자러스 파월Lazarus Powell은 그다지 열광하지 않았다고 리처드슨은 기록했다. "이 입법의 결과로 주의 권리는 완전히 파괴되었다. 이 법이 그대로 실시되면 필연적인 결과로서, 의회로 하여금 주의 모든 기관을 파괴하도록 하고, 모든 권력을 여기(수도 워싱턴)에 집중시키게 될 것이다." 링컨, 셔먼, 스티븐스와 다른 공화당 지도자들이 이 말을 들었다면 만면에 긍정의 웃음을 띠고 고개를 끄덕였을 것이다.

링컨의 공화당은, 미국 정부를 독립한 주의 지방분권적인 연합이라는 형태에서 다른 나라의 내정에도 간섭할 수 있는 통합된 단일체 제국empire으로 영원히 변모시키는 계획에 착수했다. 그들은 성공했고, 화폐공급의 국영화는 항상 그러한 성공의 필수불가결한 요인으로 간주되었다. 리처드슨이 부연 설명한 바와 같이 "1863년까지 공화당은 통합된 하나의 미국이 지배하는 국제적 역할을 설계했고, 셔먼은 은행법이 은연 중 중앙정부의 권한을 강화시켜 그 목표를 앞당겨줄 것이라고 약속했다." 이들 공화당원들은 정부가 국가의 통화 부문에 항구적으로 개입, 간섭할 수 있도록 만듦으로써 "더욱 강력해지는 중앙정부에 새로운 경제적 역할을 부여한 것이다." 이것이 바로 에이브러햄 링컨이 다른 어느 타이틀에 못지않게 "극단적 통화팽창주의자의 원흉"으로 낙인찍힌 이유이다.

Part 3

날조된 진실
—링컨 숭배자들의 권모술수

15장
대포밥 만들어내기

수도 워싱턴에 소재하는 미국기업연구소*의 월터 번스Walter Berns가 저술한 『애국자 만들기Making Patriots』에서 저자는 모든 시민에게 불가양의 생명권, 자유권, 그리고 행복추구권을 확보해주는 것을 정부의 사명이자 철칙으로 삼는 전통적인 미국의 개인주의 철학으로 인해 미국은 국가로서 심각한 딜레마에 직면하고 있다고 주장한다. 그 딜레마는, 젊은 사람들이 최우선적으로 스스로의 교육과 취업, 그리고 가족의 양육 등에 전념하면서, 그런 개인적 삶보다도 더 크고 더 중요한 "추상적 이념들"을 위해 군대에 입대하여 자기들의 생명을 바치겠다는 동기부여를 충분히 받지 못하고 있다는 것이다.

"다른 사람들이 이 세계의 다른 어느 곳에 살든지 우리는 그 사람들의 복

---

* 1938년 미국기업연합으로 시작했다가 1943년 현재의 명칭과 조직으로 탈바꿈한 친기업적, 보수적, 우익 싱크탱크. 제2기 부시대통령 정권의 대외정책 수립에 선도적 역할을 한 것으로 알려지고 있다.

지에 무관심할 수 없다"고 번스는 주장한다. 결과적으로 미국의 젊은이들은 미국이라는 자기 나라의 방어를 위해서라기보다는 지구 어느 곳에서든 "다른 사람들을 돕기 위해" 생명을 바칠 준비가 되어 있어야 한다는 것이 그의 주장이다. 번스와 같은 논자들은 자기들이야말로 이 지구상에서 미국 군대를 동원해 "구원"을 필요로 하는 곳을 판단, 결정할 수 있는 철인왕 philosopher king이라고 착각하고 있음이 분명하다. 정작 자기들은 안전한 상아탑이나 싱크탱크의 사무실에서 편안하게 잘 지내면서 이런 추상적 대의명분(예컨대 "중동의 민주주의를 위해" 따위)을 위해 젊은이들을 죽음의 전장으로 몰아내어 싸우다가 죽기를 원하는 것이다.

번스가 말하는 딜레마는 어떻게 미국의 젊은이들에게 국가를 위한 희생양이 되도록 동기를 부여할 수 있겠는가 하는 점이다. 그의 해결책은 젊은이들이 스스로를 전쟁터로 행군해 나아가는 "신앙의" 십자군이라고 자부하도록 새로운 "시민적 종교"를 고안해내는 것이다. 순수한 의미에서의 종교가 아니라, 국가와 국가가 명하는 것을 숭배하는 것이 곧 종교이고, 이는 번스와 같은 링컨 신봉자 집단의 지식인들이 정의하는 바이다.

한마디로 번스는 미국의 독립선언문에 나타나 있는 불가양의 생명권, 자유권 및 행복추구권, 그리고 정부의 목적은 이런 개인의 권리를 보호해주는 데 있다고 하는 미국적 이상을 완전히 포기할 것을 요구한다. 미국 독립선언문의 철학은 시민이 정부의 주인이며 정부는 오로지 시민에게 봉사하고 시민의 권리를 보호해주는 데 존재의의가 있을 뿐이다. 그러나 번스의 철학에 의하면 정반대가 된다. 시민, 특히 젊은 사람들은 전 세계에 걸쳐서 "민주주의"를 강제적으로 실시해야 한다는 따위의 추상적 이념, 그리고 국가의 변덕스러운 뜻을 추진하기 위해 국가에 봉사하고 심지어 죽기도 해야 한다는 것이다. 이런 시나리오 아래에서는 국가가 주인이 되고 시민은 그 노예로 전락한다. 악당들이 궁하면 들먹거리는 것이 곧 애국심임을 우리는 잘 안다.

> 링컨 숭배자들은 링컨 전설을 이용해 미국의 젊은이들로 하여금 대포밥cannon fodder이 되어도 좋다고 확신하도록 만들어야 한다고 믿고 있다.

나라의 젊은이들에게 "애국심"을 고취하기 위해 "계관시인national poet"이 나타나서 젊은이들에게 최면을 걸어 대의명분으로 단결시켜야 한다는 것이 번스의 말이다. 이상적으로는 그런 시인만이 젊은이들로 하여금 그들의 개인주의와, 구식 아메리카니즘*, 그리고 그들의 평화롭고 풍요로운 삶에 대한 이기적인 추구를 포기하도록 설득할 수 있다는 것이다. 번스에 의하면 다행히도 그런 계관시인이 한 사람 있다는 것이다. 그 사람은 바로 에이브러햄 링컨으로서, 번스는 그를 "정치가이자 시인, 그리고…민주주의 수난극의 순교자 예수"라고 묘사하고 있다. 미국의 젊은이들로 하여금 무슬림 광신자들처럼 무모하게 "시민적" 종교혁명을 하도록 설득하려면, 링컨의 위대함—행동이 아니라 "그의 힘 있고 아름다운 문장"에서 비롯되는—으로 세뇌해야 한다는 것이다.

바로 이런 것이 링컨 숭배자들의 전형적인 행동방식이다. 그들은 링컨의 실제 행동 내지 진짜 면모에 대해는 조금도 관심을 기울이지 않은 채 오로지 링컨의 연설 중에서 그럴싸하게 들리는 정치성 짙은 구절만 뽑아내어 그것에만 집중하고 있는 것이다. 어떤 정치인을 이런 방식으로 이해하는 것은 매우 위험한 방법이다. 국무를 담당했던 정치인을 만약 그의 정치적인 수사만으로 판단한다면 누구라도 예외 없이 "위대한 정치가" 또는 "위대한 인본주의자"로 보일 것이다.

* 개인주의, 인권을 우선시하는 관점

링컨 숭배자들의 또 하나의 전형적 특성은 링컨이 말하거나 행한 그 어떤 일에도 마치 천사와도 같은 동기라도 있었던 양 의미를 부여하며, 또한 링컨의 머릿속이 아니었더라도 "그의 가슴속에" 어떤 생각이 일어나고 있었는지를 마치 자기들만이 아는 체한다는 점이다. 이런 주제가 번스의 『애국자 만들기』 같은 두툼한 분량의 링컨 학술서들을 관통하고 있다. 번스는 이 책에서 한 장chapter 이상을 바쳐 링컨의 신화를 조작함으로써 그것이 미국의 군국주의와 제국주의라는 "시민적 종교"의 일부가 되기를 바란다.

번스가 말한 내용 중 상당수는 너무나 불합리해 황당하다고밖에 할 수 없을 정도다. 예컨대 링컨은 섬터 요새 사건 당시 단 한 사람도 죽기는커녕 다친 일도 없는 상황에서 남부연맹에 대해 해군에 의한 연안봉쇄를 포함하는 전면적 공세의 결단으로 응수하는데, 번스는 이것이 "링컨이 평화를 원했기 때문"이라고 쓰고 있다. 이렇게 오웰답다*고 단언해주어도 좋을 만한 언사로 번스는 글자 그대로 전쟁은 곧 평화라고 주장하는 것이다. 번스는 링컨이 자기의 군대로 하여금 수십만의 동포시민들을 죽이도록 한 것이 평화를 위한 일이었다고 확신하는 것이다. 전쟁이 시작되기 전 남부연맹의 평화사절단과 프랑스의 나폴레옹 3세는 평화를 위한 조정자의 역할을 자임했으나 링컨은 그들을 만나서 대화하는 일조차도 거부했다. 링컨은 평화를 논의하기 위한 모든 기회를 배척했음에도 번스는 "그의 목표가 평화"였지 전쟁은 아니었다고 강변하는 것이다.

링컨은 인신보호영장제도를 불법적으로 정지시키고, 군사행동으로 북부의 정치적 비판자들과 반대자들을 아무런 적법절차 없이 수만 명씩이나 구금하도록 했다. 그는 더 나아가 모든 왕래 전보를 검열했으며, 300개가 넘는

---

* 조지 오웰의 『동물농장』에서 독재자가 된 돼지들이 보여주는 행태, 즉, 조작과 왜곡을 뜻하는 말.

> 링컨 숭배주의자인 월터 번스는 링컨이 4년이나 되는 긴 시간에 걸쳐서 남부의 시민들에게 적대 행위를 한 것은, 링컨이 그들을 사랑했기 때문이자 "평화의 사도"였기 때문이라고 강변한다.

반대진영의 신문사를 폐쇄하고, 메릴랜드 주에서 적법하게 선출된 공무원 수십 명을 감옥에 가두었으며, 북부의 선거조작에 관여했고, 의회의 동의 없이 전쟁을 수행하고, 불법적으로 웨스트버지니아 주를 새로 만들었으며, 그리고 반대진영인 민주당에서 공격의 선봉에 나선 오하이오 주 출신의 클레멘트 벌랜디검 하원의원을 강제로 추방*하는 등의 행위를 저질렀다. 어느 세대의 역사가이건 적어도 링컨의 이런 행위들이 합법적이지 못하다고 생각된다는 점만큼은 분명히 인정해왔다. 그러나 번스는 이 모든 일들이 "법을 충실하게 집행하기 위한 것"이었다고 강변한다. 이런 불합리한 강변은 링컨이 주장한 바와 똑같지만 그것이 링컨으로부터 140년 후에, 그것도 미국기업연구소의 "수석연구원"으로부터 나왔다면 불합리하기 짝이 없는 일이다. 번스에 의하면 헌법과 법에 대한 링컨의 전폭적인 능멸행위야말로 곧 그가 헌법과 법에 충실했음을 입증하는 증거이다.

링컨은 생애 중 결코 기독교였던 적이 없었기 때문에 그가 처음으로 대통령후보로 나섰을 때 일리노이 주 스프링필드의 목사치고 그를 반대하지 않는 사람이 없을 정도였다. 그런데도 번스는 링컨이 "물론...성경을 읽었다"고 강변하면서, 또한 그가 "그의 말로써...미합중국을 구원하기 위해..." 성경의 문장을 인용했다고 주장한다.

건국의 아버지들에 의한 자발적 연방은 "구원"된 것이 아니라 파괴되어

---

* 그는 남부연맹으로 보내졌으나, 그 후 버뮤다를 경유하여 캐나다로 가서 링컨 반대 행위를 계속했다.

버리고 말았다. 이제 전쟁이 끝나고 나니 더 이상 자발적 연방의 상태는 되지 못했다. 더욱이 그런 결과를 성취한 것은 링컨의 정치적 수사학 덕분이 아니라 그 당시까지 전 세계의 역사상 가장 대규모이자 가장 잘 무장된 군대에 의한 작품이었던 것이다. 이 군대는 군통수권자인 링컨의 지시에 따라서 4년이라는 긴 시간 동안 남부의 군대에 대해서는 물론 민간인에 대해서도 전쟁을 벌인 것이었다. 링컨의 군대는 남부의 도시를 포격해 수없이 무고한 시민들을 죽였다. 주택과 농장과 기업이 도륙되고 약탈되고, 또한 남부 전체가 불태워졌다. 링컨은 더욱 강력해지는 대량살상무기들을 남부연맹군뿐만 아니라 남부의 시민들에게도 실험용으로 쓰도록 강요했다. 그런데도 번스는 "링컨이 결코 남부연맹을 적으로 보지 않았다"는 것이다.

월터 번스에 의하면 링컨이 전쟁의 사소한 일까지도 챙기면서 그의 동포 시민들을 수십만 명이나 죽이고 또한 그 2배 이상을 부상시킨 것은 오로지 그들을 사랑했기 때문이며, 링컨은 "남부의 동포시민들에 대한 증오나 심지어 분노로부터도 자신의 가슴과 마음을 비웠다"고 주장하고 있다. 여기서 우리는 링컨 숭배자들의 전형적인 술수를 보게 된다. 즉, 자기들은 링컨의 죽음으로부터 한 세기나 넘어선 마당에서 죽은 사람의 가슴속과 머릿속을 들여다볼 수 있다는 것이다. "링컨 학자"로서 인증을 받기 위해서는 심령술 또한 보유하고 있어야 할 모양이다.

링컨이 율리시스 그랜트 장군을 존경한다고 하면서, 그랜트는 "싸우고 또 싸우는 사람"이기 때문에 그에게서 포토맥 군의 사령관직을 결코 떼어내지 않겠다고 말한 것은 유명한 이야기이다. 달리 말하자면 그랜트는 자기의 부하들을 얼마든지 희생시키면서라도 남부의 동포시민들을 죽이는 일을 결코 멈추지 않는 장군이었다는 이야기이다. 그런데도 번스는 이런 행동이야말로 링컨이 남부 사람들을 "사랑"했다는 명백한 증거라고 믿고 있는 것이다.

번스는 62만 명의 미국 사람들을 죽임으로써 남부의 징병 적령자 4명당 1명 꼴로 죽여댄 이 전쟁이 미국 사람들에게 "연방을 사랑하도록" 가르쳐주고, 또한 "우리 모두를 애국자로 만들어주었다"고 강변하고 있다. 그러나 남부의 사람들이 이 전쟁을 통해 "연방을 사랑"해야 한다는 가르침을 받지 않았음은 틀림없는 일이다. 수백만의 남부 사람들은 전쟁을 통해 새롭게 강화된 중앙정부를, 그리고 또한 전쟁 후 공화당이 실질적으로 일당독재를 수십 년간 해온 현실을 증오하고 또한 경멸해왔던 것이다. 이에 비추어보면 번스가 "연방을 사랑"한다는 말은 결국 국가의 독재에 맹목적으로 충성한다는 의미이다. 그는 건국의 아버지들이었다면 상상도 할 수 없는 일, 즉 국가와 정부를 동일시하는 우를 범하고 있는 것이다.

번스는 링컨 전설의 "가장 큰 중요성"은 그것이 "우리"가 "우리나라를 사랑하도록" 배우는 "공립학교에서" 여러 세대를 두고 애용되고 있다는 점이라고 말한다.

> 링컨 전설은 미국의 어린이들에게 가장 비미국적인 방법으로 미국이라는 나라에 대한 맹목적 충성을 가르치는 데 일조해왔다.

전쟁 후 링컨의 신격화는 대통령직 그 자체와, 더 나아가서 미합중국 그 자체를 신격화하는 데까지 나아갔다. 만약 건국의 아버지들이 이런 번스의 열혈론을 알았더라면 다시 한 번 총칼을 들고 일어나 또 한 번의 혁명전쟁을 일으켰을지도 모른다.

월터 번스의 『애국자 만들기』야말로 링컨 전설이 신화, 거짓정보, 역사의 왜곡으로 가득 찬 것임을 보여주는 예가 아닐 수 없다. 이런 신화화와 왜곡의 목적은 링컨의 "도덕적 권위"를 다양한 정치적 목표에 활용하는 것이며, 번스의 경우는 이를 대외정책상의 제국주의에 활용하려는 것에 다름 아니다.

16장

링컨식의 전체주의자들

문학비평가 에드먼드 윌슨은 『애국자 고어: 남북전쟁의 문헌들에 관한 연구 Patriotic Gore: Studies in the Literature of the Civil War』에서 남북전쟁이 남긴 가장 큰 후유증 중의 하나는 결국 강력한 중앙정부가 만들어졌다는 점이라고 설명한다. 이런 관점에서 그는 링컨을 정치적으로는 레닌과 비스마르크에 긴밀히 연관된 것으로 본다. 이들은 링컨이나 마찬가지로 각자 자기 나라에서 거대하고 중앙집권화되고 관료주의적인 정부를 도입한 것에 가장 주된 책임을 져야 할 인물이기 때문이다.

윌슨은 이 사람들이 "타협을 모르는 독재자가 되었으며", 새로이 형성된 관료주의가 이들을 승계해 국가의 권력을 확대하고 자유를 축소하는 일을 지속함으로써 "그들이 주도했던 정책 하나하나에 숨어 있던 가장 나쁜 잠재 가능성들이 그들이 사라진 후에 가장 바람직하지 않은 방법으로 그대로 모두 현실화되었다"고 기술하고 있다.

링컨 숭배주의는 너무 강력했기 때문에 이런 식의 발언들은 여러 세대를 두고 모두 지하로 숨을 수밖에 없었다. 그리하여 대부분의 미국인은―심지어 대부분의 남부인조차도―링컨에 대해 결코 부정적인 생각을 가질 수 없었다. 링컨 숭배주의가 항상 그렇게 영향력을 가지고 있었던 것만은 아니었다. 오히려 1960년대 중반까지만 해도 링컨이나 남북전쟁에 관한 문헌들 중에서는 신화, 환상, 우상화를 반대하는 객관성을 갖춘 학자들을 제법 발견할 수 있었다. 그중 한 예가 1965년 8월 24일 "보수적"이라고 알려져 있던 『내셔널 리뷰National Review』의 편집인인 프랭크 마이어Frank Meyer가 쓴 기사였다. 딘 스프레이그Dean Sprague의 『링컨 치하에서의 자유Freedom Under Lincoln』라는 책에 대한 서평에서 마이어는 "미국 역사에서 링컨이 맡았던 중추적인 역할은 실은 미국의 자유라고 하는 요소에 대하여는 본질적으로 부정적인 영향을 끼쳤다"라고 쓴 것이다. 이는 다른 여러 가지 사유들 중에서도 특히 "그의 억압적 정책의 혹독함과 공포의 전면전 수준으로 전쟁을 수행한 데 대한 책임" 때문이라는 것이다.

마이어는 "연방이라는 사이비 슬로건의 기치 아래에서 링컨은 기회 있을 때마다...중앙권력을 강화하고 주의 자치권을 무력화했으므로...결국 전쟁에 대한 책임은 그에게 있다"고 기술했다. 또 "우리는 그가 한 말, 즉 '아무에게도 악의를 갖지 말고 모두에게 선의를 가집시다…' 라는 그의 그럴듯한 말들을 잘 알고 있지만...그의 실제 행위는 이런 수사학과 동떨어져 있다"는 것이었다. 여기서 마이어는 링컨이 전쟁 기간 중 북부에서 행한 "억압적 독재정치"에 대하여 언급하는 것이자, 또한 다른 여러 가지 사실들 중에서도 "셔먼이 민간인들에 대해 행한 노상강도와도 같은 살상행위"에 대하여 언급하고 있는 것이다. 링컨이 남부를 공격한 것은 노예를 해방하기 위해서가 아니라, 링컨 스스로도 언명했듯이 연방 이탈의 움직임을 박멸하여 수도 워싱턴에서의 정치적 권력을 "공고히" 하는 데 있었음을 마이어는 잘 알고 있었다. 마이어는 또한 19세기 중에 노예제도를 폐지한 세계의 다른 나라들은 노예소유주에게 보상을 행하는 방법만으로도 노예를 평화롭게 해방할 수 있었음을 잘 알고 있었다.

더욱이 에드먼드 윌슨이 예측한 대로 링컨의 행동은 장기간에 걸쳐서 매우 부정적인 후유증을 드러내었다. 마이어의 생각에 의하면 다음과 같다. "링컨이 헌법에 대해 가한 상처가 없었더라면 프랭클린 루스벨트 대통령이 그의 혁명적 조치를 통해 이른바 강제적 복지국가를 만들어내는 일이 무척 어려웠을 것이다…나는 링컨이 중앙집권화된 정부의 길을 열어줌으로써 헌법상의 자유에 대한 보장책의 기초를 위태롭게 하고 또한 그에 따라 부수적으로 무수한 정치적 악을 창출해내었다고 믿는다." 이제 "기성체제"에 속하는 『내셔널 리뷰』, 『더 위클리 스탠더드』, 또는 미국기업연구소, 헤리티지재단, 특히 클레어먼트연구소 등의 보수적 간행물 등에서는 이런 주제에 관해 이렇게 객관성 있는 논문은 더 이상 찾아볼 수 없다. 오히려 이와는 정반대로 링컨이라는 주제에 대하여는 오로지 월터 번스와 해리 자파Harry Jaffa 등과 같은 사람들이 벌이는 우상화의 여지밖에 없는 것이다.

마이어의 논문이 게재되자 그 잡지의 발행인인 윌리엄 버클리 2세는 다름 아닌 자기 잡지사의 편집인이 쓴 글인데도 이를 타박하기 시작했다. 그때부터 『내셔널 리뷰』나 다른 대부분의 보수적 간행물들에서는 링컨의 유산을 현실감 있게 분석하는 일이 거의 이루어지지 않았다. 결국 전통적 인권을 지지하는 저자들과 그들의 생각에 대한 전면적인 숙청의 일부로서 일종의 지적 박해가 이루어진 셈이다.

버클리는 『내셔널 리뷰』의 발행인이라는 지위를 이용해 정부권력의 제한을 주장하는 다수의 전통적 헌법해석론자들을 몰아내는 데 기여함으로써

1950년대에 보수주의 운동을 재건하는 데 성공했다. 그리하여 그들 대신에 버클리는 오늘날 "신보수주의자"들로 알려진, 거대정부를 지지하는 보수주의자들을 지원한 것이다. 그러나 이들에게 "새로운neo"이라는 단어는 결코 적절하지 않았음이 드러나고 있다. 그들은 줄기차게 작은 정부에 반대해왔는데, 이는 변함없이 옛 모습을 띠고 있는 보수주의의 진정한 모습이다.

머리 로스바드는 1952년 1월 25일 잡지 『공공복지The Commonweal』에 게재한 논문에서 이를 잘 묘사했다. 그는 버클리의 말을 그대로 인용해 "강력한 대외 반공정책을 지원하기 위해 필요한 전폭적이고도 생산적인 해법을 강구해야 한다. 우리는 냉전 기간 중 거대정부를 받아들여야 한다―왜냐하면 이 나라의 국경선 내에서 전체주의적 관료주의라는 도구를 통하지 않고서는…공산주의자들에 대해 공격적인 전투는커녕 방어적인 전쟁조차 벌일 수 없기 때문이다…"라고 말한 것이었다.

버클리 2세에 의하면 우리 모두는 "거대한 육군과 공군, 핵에너지, 중앙정보부, 전쟁물자 생산기구(즉 중앙이 통제하는 경제), 그리고 이에 수반하여 워싱턴의 권력을 중앙집권화하는 일" 등 이 모든 것을 지지해야 한다는 것이다. 로스바드에 의하면 『내셔널 리뷰』의 창립자인 버클리 2세는 "전체주의적인 사회주의자"로서 그가 "자인하는 것보다 더 심한 정도"라는 것이었다. 이렇게 "전체주의적 관료주의"를 정부 형태로서 옹호하는 사람에 대해 다른 어떤 호칭이 더 적합하겠는가?

> 윌리엄 버클리 2세는 미국이 냉전에서 이기기 위해서는 "전체주의적 관료주의"를 필요로 하며, 이를 위해서는 링컨 정부가 이상적 모델이 된다고 믿었다.

바로 이런 이유로 해서 버클리는 프랭크 마이어의 링컨에 대한 견해를 개인적으로 폄하했던 것이며, 또한 보수주의자라면 대부분 링컨을 우상화했던 것이다. 링컨의 독재적 수법과 또한 그가 만들어낸 권력집중의 군사국가는 오랫동안 미국이 세계에 대해 스스로 내세우는 미국의 권익 모델이 되어왔다. 냉전이 끝남에 따라 이제는 "이 나라 안에 전체주의적 관료주의"가 더 이상 필요 없게 되었지만, 스스로 "신보수주의" 운동가라고 자처하는 이 보수주의자들은 이제 그들의 새로운 목표가 전 지구상에 민주주의를 확장시키기 위해 전 세계적으로 영원한 전쟁을 벌이는 일이라고 선언하고 있다. 당연한 논리로 그들은 이렇게 본질적으로 비非미국적인 자기들의 정책을 "정당화"하기 위해 그들의 연설과 논문들에서 링컨의 전설을 끊임없이 이용한다. 그들은 링컨식 전체주의자들이다.

미국의 이런 "전체주의적 관료주의"는 최근에 들어서서 애국법Patriotic Act의 제정, 공항에서의 알몸수색, 정부에 의한 인터넷 감시, 수백만 명의 개인적인 휴대폰 대화에 대한 불법감청, 시민의 개인금융기록에 대한 불법열람, 군사법정, 피구금자의 고문, 그리고 또한 수없이 많은 시민적 자유를 파괴하리라고 예상되는 불길한 전조들을 마구 구사함으로써 갈수록 힘을 얻고 있다. 그리하여 "순교 성인"의 이름을 자꾸 들먹임으로써 자기들의 정책을 정당화하려는 의도 하에 링컨의 우상화는 지속되고 있다.

이렇게 정부의 독점 내지 독재를 정당화하고 옹호하면서 링컨의 전설을 끌어다대는 사람들은 비단 우익 전체주의자들만이 아니다. 저명한 좌파학자들 중에서도 링컨을 우상화하는 사람들이 많이 있는데, 왜냐하면 그들 또한 윌리엄 버클리 2세와 같은 우파가 아니라, 정작 좌파인 자기들이 권력을 차지한다고 가정할 경우 "전체주의적 관료주의"를 선호하기 때문이다. 그중 가장 좋은 예로서 남북전쟁을 전문적으로 연구하는 역사가로서 전에 미국역사학회 회장을 지내고 자칭 마르크스주의자인 컬럼비아 대학의 에릭 포너를 들 수 있다.

수십 년에 걸쳐서 포너는 열렬한 소비에트 공산주의의 옹호자였다. 1989년

> 순수한 보수주의자들은 링컨 정권의 전체주의적 작태에 충격을 받고 경악했다.

소비에트 공산체제가 몰락하고 나서 모스크바에서 개최된 소련강제수용소에 대한 전시회는 포너로부터 극렬한 반대에 부딪혔는데, 포너는 그것이 "구소련시대 역사의 비어 있는 페이지를 채워 넣겠다는 강박관념적 욕구"에 의한 것이라고 불평했던 것이다. 이것이 진정한 역사가의 발언이라면 정말 황당하다. 20세기 내내 세계 정치를 지배한 정권들 가운데 한 정권의 역사를 기록하려고 하는 욕구가 "강박관념에 빠진 것"이라니!

포너는 1988년에 발간한 『미국의 자유에 관한 이야기The Story of American Freedom』에서 미국 공산당이 "미국 자유의 국경선을 다시 획정하는 일을 도와준 문화적 전선"이라고 극찬했다. 에릭 포너에게 공산주의는 곧 "자유"를 의미하므로 공산주의에 대한 반대는 독재를 의미했다. 이런 만큼 그가 최고 수준의 "링컨 학자"로 꼽히는 것은 놀랄 일이 아니다. 포너는 소련식 공산주의의 대단한 옹호론자였기 때문에 소비에트 연방의 해체를 반대했을 뿐만 아니라, 해체의 반대 이유를 대는 과정에서 자연스럽게 링컨 전설을 끌어들이지 않을 수 없었던 것이다. 1991년 2월 11일자 잡지 『더 네이션The Nation』에 실린 "링컨의 교훈"이라는 사설에서 포너는 라트비아, 리투아니아, 에스토니아에서의 분리 움직임에 반대하면서, 미하일 고르바초프에게 링컨이 남부의 분리주의자들에게 했던 것처럼 가차 없는 방식으로 그들에 대처하라고까지 촉구했던 것이다.

모든 자유세계는 소비에트 공산주의의 몰락에 환호작약했으며, 소련제국의 인민들처럼 그것에 전율적 기쁨을 느낀 사람들은 없었다. 그런데도 포너에게 소비에트 연방 소속 공화국들의 이탈은 사회주의의 이름으로 독점적,

독재적 정부를 만들어내어야 한다는 "찬양할 만한 목표"를 파멸시킬 "위기"였던 것이다. 그런 정부는, 마치 링컨이 자신과 자신의 정부에 대한 도를 넘는 충성을 요구했듯이' 또한 "소비에트 연방에게 넘치는 충성"을 요구한

> 소비에트 연방의 해체에 반대한 컬럼비아 대학의 에릭 포너와 같은 마르크시스트 역사가들은 자기들의 입장을 "정당화"하는 데 자연히 링컨 정권을 들먹이게 된다.

다고 포너는 말했던 것이다. "강국의 지도자"는 누구라도 "소비에트 연방의 해체"와 같은 일이 발생하는 것을 허용해서는 안 된다고 포너는 불평했다.

그는 링컨이 중앙집권화되고 권력독점적인 정부를 만들어내면서 맡았던 역할에 대해 에드먼드 윌슨이 내린 성격 규정에 완전히 동의하면서도, 다른 전체주의적 사회주의자들과 마찬가지로 그것이 옳은 일이었다고 믿고 있다. 사회주의는 주권국가 간의 경쟁관계 속에서는 살아남을 수가 없다는 이유에서이다. 이렇게 모든 사회주의자들은 예외 없이 그들이 포너와 같은 좌파 사회주의자이든, 또는 버클리와 같이 우파 사회주의자이든 "강력한 집행 권력"을 가진 중앙집권화되고 독재적인 정부를 열렬히 선호하고 있는 것이다.

포너는 그의 사설에서 "남북전쟁은 미합중국에서 국가적 권위를 공고히 하는 데 중심적 역할을 했다"라고 결론짓는다. 윌슨이나 프랭크 마이어와는 달리 그는 이것을 하나의 긍정적 발전 형태로 파악했다. "링컨이 열정적으로 확신한 연방은 항구적인 정부였다"는 것이다. 그리하여 그는 "고르바초프도 당연히 이에 동의할 것"이라고 기대했다.

그러나 물론 고르바초프는 (다행스럽게도) 이에 동의하지 않았다. 링컨과 달리 소비에트 연방의 공산독재자는 러시아의 군대가 자국 내의 도시를 폭격하고 그 시민들을 수십만 명씩 (또는 현대의 군사기술로는 수백만 명씩) 죽여서라도 "소비에트 연방을 보전"할 엄두를 내지 못했다. 이렇게 좌파의 학

자들은 전체주의적 사회주의의 "불행한" 소멸에 대한 반대의견을 개진하기 위해, 또한 우파 신보수주의자들은 대외정책상의 제국주의를 추구하기 위해, 각자 제 목표를 달성하고자 신화가 된 링컨의 전설을 상투적으로 끌어들이는 것이다.

    정치란 원래 더러운 일이기 때문에 에릭 포너나 신보수주의적 링컨 우상화론자들은 그들이 조작하거나 항구화시킨 역사적 신화의 일부에 대해서라도 의문을 제기하는 논자들에게는 그렇게 기를 쓰고 악랄한 반응을 자주 보인 것이다. 이런 부류는 또한 자기들이 전체주의적 관료주의의 옹호자로 보이는 것을 죽도록 두려워하기에 포너와 같은 사람은 "자유투사"로 자처하고 해리 자파나 그의 추종자들은 엄격해석론자로 자처하는 것이다.

17장
전지전능한 링컨식 국가에 충성을 맹세하기

대부분의 미국인들은 국기에 대한 충성맹세를 18세기 건국의 아버지들이 만든 것이라고 믿고 있다. 그러나 실은 이런 충성맹세는 1892년까지는 존재하지도 않았다. 이것을 창안해낸 사람은 보스턴의 전직 침례교 목사인 프랜시스 벨러미 Francis Bellamy다. 그는 스스로를 "기독교 사회주의자"라고 자칭했으며, 특히 "예수는 사회주의자"였다는 견해를 드러냄에 따라 강단에서 정치를 논했다는 이유로 목사직을 박탈당했다.

벨러미는 1888년에 발간된 사회주의 공상소설인 『뒤돌아보기 Looking Backward』라는 책의 저자인 에드워드 벨러미와 사촌이었다. 이 소설에서 주인공인 줄리언 웨스트는 1887년에 잠이 들어서 2000년에 깨어나는데 그때는 "사회주의 유토피아"가 이미 달성되어 있었다. 그리하여 모든 산업은 소비에트식으로 국유화되고 모든 사람은 21세에 군대에 징집되며 평생 국가의 피용자가 되었다가 45세에 은퇴한다. 모든 근로자는 그 능력이나 실적이나 재주와 상관없이 똑같은 수입을 얻는다. 21세기에 사는 사람이 이 이야기를 이해하기는 어려울지 모르겠으나, 과거에는 이런 체제—나중에 전체주의적 공산주의로 알려진 체제—가 곧 "유토피아" 내지 지상천국을 만들어주리라고 실제로 믿는 영향력 있는 소설가나 여론 형성가들이 꽤 있었다.

국기에 대한 충성맹세를 만든 프랜시스 벨러미는, 충성맹세를 만들어낸 목적 중 하나는 미국에서 이런 전체주의적 환상을 달성하는 데 도움을 주고자 해서였다고 말했다. "국기에 대한 충성맹세의 진짜 이유는" 학생들로 하여금 중앙집권화되고, 단일하며, 전능한 국가의 "항구적" 성격에 관한 링컨파들의 이론을 주입하는 데 있다는 것이 벨러미의 말이었다. 미국 어린 학생들의 마음속에 주state의 주권主權 같은 것은 존재한 적도 없다는 거짓말을 뿌리박겠다는 뜻이었다.

앞의 장에서 언급되었듯이 기독교 사회주의자들을 포함하여 모든 부류의 전체주의자들은 만약 시민들이 충성심을 분산시킨다면 전지전능한 정부라는 목표가 달성될 수 없음을 오래 전부터 잘 알고 있었다. 사회주의 내지 사회주의자들에게 연방주의*는 치명적 독이었다.

> 국기에 대한 충성맹세는 어느 사회주의자가 19세기 후반에 어린이들을 권력독점적이고도 단일화된 링컨식의 국가관으로 세뇌하려는 선동의 도구로서 고안한 것이다.

비록 링컨이 19세기 후반에 군대의 힘을 빌려 자신의 이론이 옳음—물론 옳았는지 여부는 주관적인 것이었지만—을 입증했다고는 하지만, 미국에서는 연방정부의 권력이 제한되고 분산되어야 하며 주State의 권리가

---

* 여기서의 "연방주의"는 당초의 건국이념에 따르는, 중앙집권화되지 않고 주州에게도 상당한 주권主權이 남아 있는 분권적 연맹의 형태를 지지하는 사상을 의미한다.

인정되어야 한다는 제퍼슨식의 이상을 가슴에 품은 사람들이 여전히 많았으며, 그들은 중앙집권화된 연방정부의 권력에 대해 회의적이었다. 인간의 목숨은 물론 심지어 정권조차도 파리목숨처럼 끊을 수 있는 것이지만 마음속에 담은 생각만큼 쉽사리 꺾을 수는 없는 일이다. 그런 만큼 이는 벨러미 형제들에게 매우 경각심을 불러일으키는 일이었다. 왜냐하면 그들은 자기들의 사회주의적 유토피아가 미국에서 달성되려면 중앙정부가 더없이 강력해져야 하며 주의 주권主權이라는 개념이 완전히 말살되어야만 가능함을 너무나 잘 알고 있기 때문이었다. 존 베어John W. Baer*가 재구성한 프랜시스 벨러미의 어록에 의하면

> 국기에 대한 충성맹세의 진정한 이유는 "그 국기가 가리키는 공화국에 있다."…그런데 저 공화국이라고 하는 대단한 존재는 도대체 무엇인가? 그것은 다름 아니라 국가—남북전쟁을 통해 실현코자 했던 단일한 국가—를 간단히 이르는 정치적 용어이다. 이렇게 단일한 국가One Nation라는 개념을 명백히 하기 위하여 우리는 웹스터와 링컨이 그들의 위대한 연설에서 되풀이했듯이 그것이 결코 쪼개질 수 없음을 분명히 해두어야 한다.

벨러미는 충성맹세에 나타나는 "모든 사람에게 자유와 정의를"이라는 구절이—미국혁명이 아니라—프랑스혁명에서 "자유, 평등, 박애"로 표현된 것의 미국식 표현이라고 생각했다. 루소로부터 연원하는 프랑스혁명의 근본 철학은 엘리트 계층에게는 "총의The general will"라는 생각이나 개념이 존재하며, 그래서 엘리트 계층은 그런 총의를 전국적으로 실시할 의무를 지며, 필

---

* 『국기에 대한 충성맹세: 백 년간의 역사, 1892~1992 The Pledge of Allegiance: A Centennial History, 1892~1992』의 저자.

요할 경우에는 반대자를 죽여도 좋다고 생각했던 것이다. 루소는 "하나의 몸에 하나의 의지"가 필요하다고 갈파했다. 이렇게 국가가 인가한 "총의"에 불복하는 자는 "자유를 강제"당할 수 있는 것인데, 그것은 글자 그대로 죽임을 당해도 좋다는 뜻이었다.

『선한 미국America the Virtuous』에서 가톨릭 대학의 철학교수인 클라스 라인 Claes Ryn은 루소의 (그리고 벨러미 형제의) 정부이론은 미국 건국의 아버지들과 같은 "입헌주의 옹호자들과 정면으로 충돌"한다고 설명하고 있다. 현재의 다수자에 대한 모든 제약을 제거하고, 인민을 동질적 집단으로 해체시키며, 지방분권을 없었던 일로 하며, 대의기관을 없애버려야 한다는 루소의 열망처럼 미국의 전통적인 입헌주의, 연방주의, 지역존중주의, 그리고 대의제도에 정반대의 각도에서 예리하게 대조되는 것도 없다.

루소야말로 "근대 국가주의"의 창시자였고, 링컨이야말로 그의 추종자였다. 루소에게 국가주의는 선virtue과 직결되어 있었다. "총의"야말로 그 의미 자체에서 선한 것이며, 따라서 이에 대한 반대자들은 자연스럽게 악을 대변하는 자들이 된다. 그러므로 "시민들에게 애국심"을 불어넣음으로써 그들이 "자기 나라를 사랑하도록 만드는 데서 시작"함이 시대적 명령이라고 루소는 말했다. 이는 바로 벨러미 형제가 단일화된 미국에 대한 충성맹세를 통해 달성코자 희망했던 것이며, 또한 월터 번스나 해리 자파와 같은 링컨 숭배자들이 달성코자 희망하던 바였다. 그들이야말로 진정한 신자코뱅주의자neo-Jacobins* 들이었다.

프랜시스 벨러미는 자기가 이런 충성맹세의 아이디어를 얻은 것은 주들

* 프랑스혁명에서 지도적 역할을 한 "자코뱅클럽"은 초강경, 극렬파 혁명론자들의 조직으로서 단두대에서만도 1만 8,000여 명을 죽이는 공포정치를 펼치다가 로베스피에르의 처형과 더불어 세력을 잃었다. 이 책의 저자는 미국의 "신보수주의자"들을 "자코뱅주의자"들과 같은 부류라고 몰아세우고 있다.

간의 전쟁* 당시 남부인들이 총구로 위협당하면서 총구 앞에서 강제로 행해야 했던 "충성선서"에서 유래한다고 주장했다. 국기에 대한 충성맹세는 1892년 9월 『젊은이의 동반자The Youth's Companion』에 처음으로 실렸는데 이 잡지는 오늘날의 『리더스 다이제스트』** 류에 해당하는 잡지였다. 그 당시 프랜시스 벨러미는 목사직을 박탈당하고 기독교사회주의자협회에서 교육담당 부총재로 일하고 있었는데 이 협회는 소득에 대한 과세, 중앙은행제도, 교육에 대한 중앙통제, 산업의 국유화, 그리고 그 외에도 다수의 사회주의적 개혁을 주장, 옹호하는 전국적 규모의 조직이었다. 루트비히 폰 미제스Ludwig von Mises는 그의 저작인 『사회주의Socialism』에서 기독교사회주의를 "사회주의의 단순한 변종"에 불과하며 달리 특별한 것이 없다고 규정했다. 기독교 사회주의의 옹호자들의 주장은 다음과 같았다. "농업과 수공업, 그리고 약간의 소상인만이 직업으로서 허용될 뿐이며, 그 외에 상업과 투기는 불필요하고, 해가 되며, 악이 된다. 공장과 대규모 산업은 '유대인 정신'의 사악한 발명품이다. 그들은 나쁜 상품만을 만들어 대규모 상점이나 현대의 괴물과도 같은 거래방식을 통해 소비자들에게 강제로 떠넘김으로써 결국 소비자들은 파멸에 직면한다."

이 충성맹세에서 "쪼개질 수 없는 하나의 나라"라는 말이야말로 벨러미 형제에게는 지극히 중요한 것이었다. 만약 연방이탈은 고사하고, 주의 권리가 합법화만 되더라도 미국에서 단일하고, 독재적인 정부에 의해 강제될 사회주의 유토피아의 꿈은 결코 실현되지 못할 터이기 때문이었다. 이렇게 일단 공립학교에서 의무교육이 시행되면 그것은 "애국심"이라는 가면 아래에

---

* 링컨 반대론자들은 "남북전쟁Civil War"을 이렇게 부른다.
** 이 잡지도 보수주의, 제국주의자들의 기관지라는 뜻이다.

서 사회주의 의식을 주입하는 이상적인 도구를 제공하는 셈이 되며, 그리하여 그것은 현실적으로 국가에 대한 맹목적 충성을 의미하게 될 터였다.

공립학교들은 이런 대의명분에 즐겨 협조했다. 1892년 벨러미 형제는 국기에 대한 충성맹세를 위해 최초로 전개될 대규모 선전행사로서 "전국 공립학교 경축일"을 계획했다. 그것은 공립학교와 정치인들을 포괄하는 전국적 규모의 행사였다. 국기에 대한 충성맹세를 행하는 공립학교들은 적극적으로 지원을 받음에 비해, 사립이나 교회가 세운 학교들은 냉대를 받았다(이들 학교들은 정부가 운영하는 학교들에서처럼 학생들에게 국기에 대한 충성맹세를 외우도록 강요하리라고는 기대되지 않았던 것이다).

학생들은 충성맹세를 외울 때 팔을 쭉 뻗고 손바닥을 위로 올려 마치 로마 시민들이 카이사르를 환영할 때 요구받았던 것과 마찬가지의 자세를 취해야 했다. 이런 행태는 1940년대에 들어서서 없어졌는데, 그것은 이런 식의 방법이 고약하게도 나치나 이탈리아 파시스트의 인사법과 비슷함이 드러났기 때문이었다.

결국 국기에 대한 충성맹세는 전지전능한 링컨식 국가에 대한 충성의 맹세에 불과하다. 그 목표는 학생들에게 미국 건국의 아버지들의 이상을 가르치는 데 있는 것이 아니라, 링컨을 숭배하는 두 부류의 유토피아적 사회주의자들이 지니고 있는 이상을 주입하는 데 있다. 주들 간의 전쟁은 진정 미국판 "프랑스혁명"이었고, 링컨 숭배자들은 벨러미 형제의 전통에 따라서—특히 "단일한 국가"라는 명제 앞에서—몇 세대를 두고서라도 미국 어린 학생들의 마음속에 애국심이라는 혁명의 이념을 굳히기 위해 오랫동안, 그리고 열심히 노력해온 것이다.

18장

전쟁반대론자의 투옥에 대한 링컨 숭배자들의 변명

에이브러햄 링컨이 북부에서 신문의 편집인과 발행인들을 포함해 수만 명의 정치적 반대자들을 적법절차 없이 투옥했다는 사실은 잘 알려져 있다. 종전 후 연방대법원은 아무도—연방의회도, 대통령도—, 설사 전시에라도, 민간법원이 살아 있는 한(실제로 민간법원은 살아 있었다), 인신보호영장제도의 시행을 정지시킬 권한이 없기 때문에 링컨의 행위는 위법했다고 판시했다. 그럼에도 에이브러햄 링컨의 말이라면 무조건, 심지어 헌법보다도 더 우선해야 한다고 확신하는 링컨 숭배자들에게 연방대법원의 판시는 결코 방해가 되지 못했다. 링컨 숭배자들은 이라크 전쟁의 반대자들을, 설사 투옥하지는 못하더라도 겁주기 위한 그들 나름의 방편으로서 링컨이 습관적으로 자기의 정치적 반대자들을 투옥한 사실을 들먹인다. "성자가 된" 링컨이 한 일이라면 그것은 합법적인 일이 아니었겠느냐는 것이 그들의 변명이다. 그리하여 우리는 2005년과 2006년도에 자칭 "보수적인" 헤리티지재단이 그 인터넷 홈페이지 "Townhall.com"에서 이라크 전쟁을 반대하는 시민들을 선동죄로 재판에 회부하자고 주장하는 다수의 기사를 게재하면서 이를 정당화하기 위하여 링컨이 자신에게 비판적이었던 전쟁반대론자들을 투옥한 선례를 거론하는 것을 보았다.

이런 주장은 2003년 12월 23일 잡지 『인사이트Insight』의 수석편집인 마이클 월러J. Michael Waller가 "정치가 반역이 될 때When Does Politics Become Treason?"라는 제목으로 쓴 기사가 처음이었다. 링컨의 정책은 반역적인 연방의회 의원들을 체포하고 군사법정에서 재판해 유죄로 인정될 경우 "추방하거나 사형에 처하는 일"이었다. 그는 링컨이 직접 한 말이라며 "연방의회 의원이 전시에 의도적으로 나서서 국민의 사기를 떨어뜨리고 군을 와해시키는 행위를 할 경우 그들은 파괴행위자로서 체포되고 추방되거나 사형에 처해질 것"이라는 말을 인용했다. 링컨은 "말이나 행동으로 전쟁 노력을 저해하는 의원에 대하여 체포, 유죄판결, 그리고 필요할 경우에는 사형까지도 필요하다고 강경한 어조로 말했다"는 것이다. 물론 늘 편집광적이었던 링컨은 정치에서 자기와 견해를 달리하는 사람은 사실상 이를 "파괴행위자"로 간주했으며, 그것이야말로 그가 수천 명의 반대자들을 투옥(때로는 고문)했던 이유였다.

> 현대의 신보수주의자들은 링컨 전설을 들먹여 자기들의 제국주의적 환상에 반대하는 연방의회 의원들의 투옥을 정당화하는 구실로 삼고 있다.

링컨 숭배자들이 링컨이 말한 것이라면 무조건 성경말씀처럼 진리로 받아들이고 의문을 제기해서는 안 되며, 그 생각이 너무나도 황당한 경우에 있어서조차도 의문을 제기해서는 안 된다고 하는 꼴은 참으로 눈여겨 볼 만하다. 링컨에게는 자기 자신이나 자신의 행정부를 비판하는 행위는 "군에 대한 적대 행위"가 되므로 사형죄에 해당하는 반역 행위였다. 분명히 그의 목적은 가차 없는 독재의 수법으로 그의 모든 정적들을 겁주는 데 있었다. 링컨 이외에는 다른 어떤 미국의 대통령도 감히 전시라는 이유로 단 한 명의 정치적 반대의견도 있어서는 안 된다고 주장한 적이 없었다. 제임스 매디슨은 1812년의 전쟁* 기간 중 뉴잉글랜드 주의 시끄러운 연방주의자들에 의한 분리 움직임조차도 용납했다. 그러나 연방의회 의원들이 자기들이 전쟁을 반대하는 것은 곧 병사들을 도로 고향으로 데려오기 위한 것이므로 결국 "군을 지지"하는 셈이 된다고 주장하더라도, "그런 연방의회 의원들에게는 오늘날에도" 링컨의 이런 황당한 논리가 그대로 "적용"되어야 한다는 것이 윌러의 주장이다.

의회에서 전쟁을 반대했다는 이유로 링컨 숭배자들에 의해 투옥된 "사례 1호"로서는 오하이오 주의회 의원인 클레멘트 벌랜디검을 들 수 있다. 그는 한밤중에 오하이오 주 데이턴에 있는 그의 자택에서 67명의 무장한 연방군인들에 의해 강제로 끌려가서 적법절차 없이 군교도소에 수감되었고, 그곳에서 군사법원에 의한 재판을 거친 끝에 유죄판결을 받아 강제추방되었다.

오하이오 주에서 처음에는 신문편집인으로서, 나중에는 주의회 의원으로서 벌랜디검은 휘그당과 공화당의 보호무역주의, 후원기업에 대한 특혜, 그리고 통화팽창주의라는 정치 강령을 비판해왔던 사람이었다. 그는 주의 권리에 관해서라면 제퍼슨주의자에 해당했다. 또한 헌법의 엄격해석론자로서 그는 "종교나 도덕이나 문학이나 정치에서 청교도들(즉 뉴잉글랜드인들)이 지배하는 데 대해 한없는 적대감"을 지니고 있다고 직설적으로 말한 적이 있었다. 그는 이 나라에 존재하는 분파 간의 의견 차이를 평화적 방법으로 해결하는 것을 선호한 "평화지향의 민주당원"으로 알려진 수천 명의 다른

---

* 미국이 영국 및 그 캐나다 식민지들과 싸운 전쟁(1812~1815).

중서부 사람들*에 속했다. 중서부에서 그는 "평화의 사도"로 알려지게 되었다. 링컨이 보기에 이런 평화와 비폭력의 옹호자들은 더 이상 관용될 수 없으므로 추방해야 할 대상이었다.

벌랜디검은 링컨이 불법적으로 인신보호영장제도를 정지시키고 정적들을 대거 체포하는 데 대해, 진정한 제퍼슨주의자라면 누구라도 마찬가지였겠지만, 충격을 받고 또한 분노를 느끼게 되었다. 이 의회 의원이 저질렀다는 "반역 행위"는 그가 연방 하원의 연단에서, 그리고 나중에는 고향인 오하이오 주 애크런에서 되풀이한 발언이었다. 그 연설에서 그는 링컨 정권의 "지칠 줄 모르는 헌법위반"과 그 "오만한 권력찬탈 행위"를 비난하면서 그것은 "현재의 연방공화국 형태의 정부를 치워버리고 그 대신에 강력한 중앙집권정부를 세우겠다는 고의적인 음모"의 일환으로서 계획적인 것이라고 발언했던 것이다.

연방의회의 동의 없이 전쟁을 시작하는 것은 일종의 독재적 행위여서 지난 200년간의 영국에서라면 여지없이 국왕의 목이 잘렸을 것이라고 벌랜디검은 주장했다. 독립선언문을 연상시키는 어조로 그는 집주인의 허락 없이 병사들을 민간인의 가옥에 재우는 행위, 적법하게 선출된 메릴랜드 정부를 전복하고 그 요원들을 투옥한 행위, 전신 검열, 그리고 연방수정헌법 제2조에 명백히 위반해 경계주들에서 무기를 몰수한 행위 등을 격렬히 비난했다.

이런 모든 독재적 행위들은 "연방을 구원"하기 위한 것이 아니라 "연방은행…그리고 항구적인 국가채무, 높은 관세율, 무자비한 직접세, 과다한 지출, 거대하고도 엄청난 공금횡령…그리고 강력한 정부…, 주 경계선의 폐지, 그리고 공고해진 군주주의, 아니면 광범위하게 중앙집권화된 군국주의적 전제

---

* 오늘날의 일리노이 주, 오하이오 주, 미시건 주 등에 해당하는 지역.

주의"를 도입하기 위해서였다고 벌랜디검은 지적했다. "군국주의적 전제주의"를 제외한 나머지 지적 사항은 바로 저명한 공화당원들이 자인했듯이 링컨을 대통령으로 선출하여 추구하고자 한 목표들이었다.

링컨 정부는 벌랜디검의 이런 연설이 오하이오 주 청년들의 군에 지원할 의욕을 저하시키고, 게다가 탈영을 부추기게 되는 까닭에 반역 행위라고 주장했다. 적반하장격으로 링컨은 자기가 인신보호영장제도를 정지시킨 위법하고도 위헌적인 조치가 (헌법에 대한) "반역"이 되는 것이 아니라, 오히려 시민이 링컨의 행위를 공개된 연설을 통해 비난하는 것이 반역이라고 주장했다.

링컨 정부는 벌랜디검의 신병을 테네시 주에서 남부연맹 당국자에게 인도하는 장면을 보여줌으로써 오하이오 주의회 의원과 같은 정치적 반대자들이 마치 간첩이나 반역자라도 되는 양 그릇된 인상을 만들어내려고 연출했다. 그러나 이미 2년 동안 링컨의 군대가 행한 침범, 포격, 방화 그리고 약탈을 경험한 남부 사람들은 북부와 남부의 통합을 선호하는 벌랜디검과 아무런 관계를 맺고 싶어하지 않았다. 그리하여 벌랜디검은 남북전쟁의 남은 기간 중 캐나다에서 망명생활을 할 수밖에 없었다. 그가 그곳에 체류하고 있는 동안 오하이오 주의 민주당은 그를 주지사 후보로 지명했다. 물론 그는 낙선했지만 오하이오 주 민주당으로서는 참으로 영웅적인 항의의 표시였다.

그러나 링컨은 벌랜디검에 대해 아직도 구원舊怨을 잊지 않았다. 1862년에 공화당의 정치적 선전을 위해 설립된 "유니언 리그"라고 알려진 기구는 정부에 대한 반대자들에 대해 선동적이며 증오에 찬 거짓된 선전을 행했는데, 거기서 벌랜디검은 가장 두드러지고 가장 악명 높은 반대자로 낙인찍혔다. "카퍼헤드Copperhead*"라는 말은 본래 링컨이 북부의 정치적 반대자들에게

---

* 북부에서 공화당원들이 남북전쟁에 반대하는 민주당원들을 지칭한 말. 이들이 전쟁 반대의 표시로 자유의 여신의 옆얼굴이 새겨진 3센트짜리 구리로 만든 동전을 배지로 달고 다닌 데서 유래한다.

붙인 명예훼손적 성격이 강한 별명이었다. 역사가 프랭크 클레멘트Frank Klement는 이 카퍼헤드를 탐구하는 데 일생을 보낸 사람인데, 그는 연구결과 링컨이 벌랜디검을 추방한 것을 "정당화"하기 위해 그에 대해 여러 가지 거짓 소문들을 퍼뜨린 사실을 확인할 수 있었다.

첫째, 유니언 리그는 벌랜디검이 1863년 7월의 뉴욕 시 징병제반대 소요 당시에 이에 연루되어 있음을 시사하는 편지를 위조했는데, 벌랜디검은 그 당시 캐나다 온타리오 주에 살고 있었다. 클레멘트는 이것이 위조임을 밝혀냈으나 그러한 모함은 오늘날에도 링컨 숭배자들이 미국 역사를 재구성하는 과정에서 여전히 되풀이되고 있다.

유니언 리그는 또 벌랜디검이 로버트 리Robert E. Lee 장군을 설득해 1863년 6월 펜실베이니아 주를 향해 북진하도록 함으로써 결국 게티즈버그 전투에 이르게 되었다고 주장하는 거짓 문서를 만들어냈다. 리 장군이 그랜트 및 셔먼 장군과 같은 주 출신인 이 북부 의원의 충고에 따라 그의 주요 전략을 세웠다고 하는 생각이야말로 터무니없고 엉뚱한 이야기지만, 전쟁은 가끔 정상적인 머리를 가진 사람조차도 현실감각을 잃도록 만든다. 그러나 오늘날에도 여전히 이런 거짓 이야기를 퍼뜨리는 역사가나 작가들에게는 이런 변명의 여지조차 없는 것이다.

유니언 리그가 벌랜디검에 대해 퍼뜨린 또 하나의 황당한 거짓말은 그가 수포로 돌아간 남부 사람인 존 헌트 모건John Hunt Morgan의 인디애나 주 및 오하이오 주에 대한 침입에 그가 어떤 형태로건 개입되었다는 주장이다. 그리하여 공화당은 벌랜디검을 그가 마치 오즈의 마술사처럼 캐나다에 있으면서도 남부연맹군의 의사결정을 마술적으로 원격조정하여 오하이오 주에서 자신의 친구들과 가족에게 난폭한 공격을 동시에 행하도록 한 사람으로 그려내고자 시도했다. 프랭크 클레멘트는 이 모든 일이 거짓말임을 입증했다.

흥미롭게도 의회의 전쟁반대론자들을 겁주기 위한 시도로서 쓰였음이 분명한 그의 2003년도 잡지 『인사이트』의 논설에서 월러는 "에이브러햄 링컨 대통령이 말했다고 인용되는 문구들이 과연 진정 링컨 본인의 말인지에 관

> 정부와 민간 영역의 선동자들이 미국인들로부터 그들의 시민적 자유를 빼앗고자 할 때면 그들은 상투적으로 링컨 전설을 들먹여 "정당화"의 근거로 삼으려 한다.

한 최근의 논쟁과 관련해 『인사이트』는 전쟁 노력을 방해하는 의원들을 어떻게 다루어야 할지에 관한 대통령의 발언을 기록한 제1차적 자료들을 곧장 참조했다"고 쓴 적이 있다. 도대체 이 믿을 만한 제1차적 자료라는 것은 과연 무엇이었을까? 그것은 1863년에 간행된 "정직한 사람에게서 발견한 진실: 대통령의 편지The Truth from an Honest Man: The Letter of the President"라는 제목으로 된 간행물이었지만 그것은 바로 유니언 리그가 간행하고 배포한 것이었다!

누구든지 시민의 자유에 대한 최악의 침해 사례를 변명해보고자 하는 자들은 언제나 상투적으로 링컨의 선례들을 인용하면서 그런 사례들이야말로 자기들의 인권침해가 합법적이고 도덕적임을 입증하는 "증거"라고 주장한다. 한 예로서, 역시 링컨 숭배주의자이자 신보수주의의 권위자인 양 자처하는 미셸 멀킨Michelle Malkin은 제2차 세계대전 당시 루스벨트 행정부가 10만 명도 넘는 일본계 미국인들을 구금한 사실을 이런 식으로 변명한다. 루스벨트 대통령 자신이 이 일본계 미국인들을 수용한 곳을 "강제수용소"라고 시인했는데도, 멀킨은 그녀의 『강제수용에 대한 변명In Defense of Internment』에서 이를 "재배치를 위한 센터relocation center"라고 완곡화법을 사용해 옹호하고 있다.

멀킨의 책은 "테러에 대한 전쟁"이라는 이름으로 인신보호영장제도를 정지시키는 것이 옳다고 옹호하는 내용이다. 2004년 8월 9일 "Townhall.com" 홈페이지에서 행해진 이 책에 관한 인터뷰에서 멀킨은 다음과 같이 말했다.

"역사적으로 위기에 처했을 때 인권은 안보에 자주 양보해왔다. 남북전쟁 중 에이브러햄 링컨은 인신보호영장제도를 정지시킴으로써 판사들에게 찾아가지 않고서도 수천 명의 반역자와 정부전복 시도자들을 구금할 수 있었다." 그러므로 오늘날에도 이런 짓을 되풀이해도 좋다는 것이 그녀의 말 속에 함축되어 있다.

링컨 치하의 북부에서 구금된 무고한 수만 명이 "반역자이고 정부전복 시도자"였다고 하는 이런 주장이야말로 그들만이 전매특허 받은 또 하나의 거짓말이다. 진실을 말하자면 어떠한 식으로든 정부의 정책에 반대한 자는 사실상 적법절차 없는 구금으로 위협받았다는 점이다. 그리하여 선출직 공무원들, 신문편집인들, 그리고 북부의 수천 명의 보통시민들이 그런 취급을 당했던 것이다. 링컨은, 정부를 공개적으로 지지하지 않으면서 단지 침묵을 지키는 시민조차도 또한 구금의 대상이 되어야 한다고 주장했다. 링컨 자신의 말을 인용하자면 다음과 같다. "이 정부가 처한 위험에 관해 논의가 되고 있는데도 방관자를 자처하면서 아무 말도 하지 않는 자는 감시의 눈이 없을 때에는 적을 도와줄 것임에 틀림없다. 더욱이 그가 말하는 내용이 모호하다면, 또 나라를 위해 말한다는 내용이 '그러나', '만약', '그리고' 등의 말로 모호하게 연결된다면 더 더욱 그렇다."

> 링컨은, 공개적으로 자신과 자신의 정부를 지지하지 않으면서 단지 침묵을 지키는 시민들조차도 구금할 권한이 있다고 믿고 있었다.

이렇게 링컨의 논리는 누구라도 공개적으로 자기의 정책을 지지하지 않는 자는 반역자이고 그것만으로도 기소되어 어떤 경우에는 사형에 처해질 수도 있다는 것이었다. 침묵을 죄라 하여 처벌하는 것보다도 더 이상 폭정인 경우가 어디에 있겠는가? 이것은 20세기에 들어서서 전체주의적 공산주의 사회에서 행해지던 흔한 기법이었지만 대부분의 미국인들은 링컨이 도대체 이런 생각을 품고 있었음을 알게 되는 것만으로도 충격을 받을 것이다.

친정부적인 신문의 편집인들은 링컨 행정부를 위해 일종의 스파이망을 형성하는 데 이용되었다. 딘 스프레이그Dean Sprague가 그의 『링컨 치하에서의 자유Freedom Under Lincoln』에서 썼듯이, 친정부적인 신문편집인이 링컨 비판자를 겁주려면 그에게 "당신은" 뉴욕 관내의 정치범 수용소인 "라파예트 요새Fort Lafayette에 갈 후보자라고 넌지시 한마디만 하면" 되었던 것이다.

뉴욕에 있던 링컨의 수용소 군도에 관한 이야기가 전국적으로 퍼지자 "이 감옥은 북부 전체에 걸쳐서 그림자를 드리우게 되었고," 또 "모든 사람의 입에 오르내리는 미국의 바스티유 감옥 격"이 되었다고 스프레이그는 쓰고 있다. 그것은 링컨 행정부의 손에 잡힌 "무기"로서 연방정부가 이 나라에서 가장 센 권력을 지니고 있음을 입증하는 데 "사용"되었다.

의원들이 라파예트 요새에 갇혀 있다고 의심되는 자기의 선거구민에 대한 정보를 요구할 때마다 스프레이그로부터 "강철 같은 사람"이라고 묘사되는 링컨은, 그런 정보를 제공하는 것은 공공의 이익에 반한다고 대답할

> 남북전쟁 기간 중 북부에서 자유로운 언론이 존재하는 유일한 곳은 링컨의 정적들이 수용된 수용소 군도뿐이었다.

뿐이었다. 이것이야말로 멀킨 같은 링컨 숭배자들이 미국에서 또다시 시민적 자유가 제약을 받게 될 때마다 여전히 이를 옹호하려 하면서 늘 인용하는 "역할 모델"이다.

링컨은 연방대법원의 판결을 무시하고, 연방법원의 판사들을 가택연금시키고, 인신보호영장제도를 불법적으로 정지시키고, 심지어 대법원장에 대한 체포영장을 발부하기조차 하는 방법으로 연방대법원에 겁을 주려 했다. 그

는 또한 반대 의견을 솔직히 말하는 연방의회의원들을 추방함으로써 의회를 겁주려 했다. 연방대법원은 전쟁이 끝난 뒤에야 용기와 성실을 되찾아 밀리건 사건Ex Parte Milligan(1866)에서 "미합중국의 헌법은 지배자에게도 시민에게도 똑같이 적용되는 법이고, 전쟁에서도 평화에서도 똑같이 적용되는 법이고, 모든 계층의 시민을 위해서 그 어떠한 때에도, 그리고 어떠한 상황에서도 방패막이 노릇을 해준다. 정부가 절박한 위기에 처했다 하여 헌법의 위대한 조항들이 정지될 수 있다고 하는 생각처럼 지극히 해로운 결과를 초래할 수 있는 원칙은 아직 사람의 지혜로써는 고안된 바 없다"고 판시한 것이다.

달리 말하자면, 연방대법원은 전쟁과 같은 국가비상사태에서야말로 시민적 자유가 방어되고 보호되어야 한다고 말한 것이다. 그렇지 않다면 정부는 끊임없이 위기나 또는 위기감을 조작해내어 더 큰 권력을 움켜쥐는 수단으로 악용할 수 있을 터이기 때문이다. 그리하여 정부의 권력이 커질수록 보통 시민의 자유가 그만큼 줄어듦을 의미한다.

19장
링컨 숭배주의자들에게 대항하기

링컨 숭배자들은 대부분 평생 링컨 숭배주의자가 되기로 작정한 학자들로 구성되어 있다. 그들은 그들의 "인적 자본," 즉 그들의 직업적 명성을 논문과 책으로 과대포장하여 마치 예수 그리스도가 전 인류의 구원자였듯이, 에이브러햄 링컨은 "모든 미국인 가운데 가장 위대한 자"이며 나라의 "구원자"인 양 묘사해 결국 예수나 모세와 동격인 "아버지 에이브러햄"으로 신격화한다. 이들 링컨 숭배자들에게 링컨은 예수와 모세를 합한 것에 결코 못지않은, 완성된 인간에 가장 근접한 자로서 모든 세기에 걸쳐서 유일한 역할 모델이다. 따라서 우리가 만약 유선방송에서 링컨에 관한 토론회가 벌어지는 것을 시청해보면, 링컨 숭배자들은 전형적인 텔레비전 설교자가 일요일 아침예배에서 하느님을 찬양하는 설교를 하는 것보다도 훨씬 더 "아버지 에이브러햄"을 넘치게 찬양하고 있음을 발견할 것이다.

이런 식의 수사법은 링컨 숭배자들의 학문적 배경에도 불구하고 진정한 역사를 배우고자 하는 사람들에게는 조금도 도움이 되지 않는다. 링컨 숭배자들은 순수한 학자라기보다는 사이비 예술가, 궁정사가, 링컨 수문장들, 그리고 선동가 등에 지나지 않는다. 흥미롭게도 최근 몇 년 동안 링컨에 관해 온전한 정보를 얻을 수 있는 통찰력 있는 책이나 논문들은 이런 부류가 아닌 "체제 밖의 사람들"에 의해 발표되어 왔다. 이들은 링컨 숭배자 그룹에 속하는 사람들이 아니라 역사적 지식에 대한 순수한 탐구심과 목마름으로 가득 찬 작가와 연구자들이다. 당의 노선에 충실할 것인지, 또는 스스로의 직업적 장래를 희생할 것인지 둘 중에서 선택해야 한다는 부담으로부터 자유로운 이들 작가들은 링컨 숭배자들보다 훨씬 신선한 정보를 진실하게 전달하는 편이다. 이런 현상들 중의 한 예로서 스티븐 와이스먼Steven R. Weisman이 저술한 『위대한 세금전쟁: 링컨으로부터 윌슨까지—이 나라를 변모시킨 돈과 권력에 관한 치열했던 전투들The Great Tax Wars: Lincoln to Wilson—The Fierce Battles Over Money and Power That Transformed the Nation』이 있다. 와이스먼은 30년 이상 『뉴욕 타임스』에 정치, 경제, 그리고 국제관계 등에 관해 기고했던 언론인이다. 그의 책이 2002년 처음 출간되었을 때 그는 『뉴욕 타임스』의 논설위원이었다. 이 책은 1860년대의 링컨의 소득세제도로부터 시작해 미국의 소득세에 관한 일반적 역사에 관해 서술한 책이다. 이 책의 몇 군데에서 저자는 링컨의 진짜 모습을 분석하고 있다. 특히 1860~1861년 남부 주들의 연방 이탈에 관해 언급하면서 와이스먼은 다음과 같이 쓰고 있다.

사우스캐롤라이나 주가 먼저 이탈을 선언했다. 이 주의 불만은 오래된 것이었으며 결코 단순히 노예제도에 국한된 것이 아니었다. 가장 주된 불만은 이 나라의 재정문제의 핵심인 관세에 있었다. 한 세대 전에도 사우스캐롤라이나 주는 각 주가 연방의 관세체계를 "무효화"하거나 또는 그 이상의 조치도 취할 수 있다는 원칙과 관련하여 주의 권리를 둘러싼 심각한 분쟁 위기를 야기한 바 있었다. 1832년의 무효화투쟁은 실제로 세금에 대한 반란이었다. 그리하여 이 주의 대변인격인 존 칼훈 부통령은 앤드루 잭슨 대통령에게 덤벼들었다. 이런 관세는 생산자에게는 상을 주지만, 농부들이 필요로 하는 모든 물품—의복, 농기구 그리고 심지어 필요불가결한 소금과 육류 등 식량—에 대해 높은 가격을 매기게 됨으로써 농부들에게는 벌을 내리는 제도이기 때문에 칼훈은 이런 관세체계가 차별적이고 위헌적이라고 주장했다. 그리하여 칼훈의 반관세투쟁은 북부의 생산자들을 보호하는 데 주안점을 둔 체제에 대한 남부의 반란이었다.

와이스먼이 보기에 이런 관세에 의한 착취는 1832년의 무효화투쟁 당시 그랬던 것처럼 1860년대에도 사우스캐롤라이나 주뿐 아니라 남부의 다른 모든 주에도 마찬가지로 중요한 일이었다.

링컨 숭배자들은 제퍼슨 데이비스나 존 칼훈과 같은 역사적 인물들을 사탄과 동격으로 규정하고 이들을 말살하는 데 재빨랐으나, 와이스먼은 분명히 이들 인물에 대해, 그리

> 정통 역사가들이 정치에 오염되어 버림에 따라 최선의 연구와 저술은 이제 체제 밖에 있는 사람들로부터 나오고 있다.

고 그들의 정치적 입장과 그들이 내세우는 우선적 가치에 대하여 상당한 시간을 들여서 연구했음에 틀림없다. 링컨과 남북전쟁에 관한 보기 드문 연구자로서 이렇게 투명하게 진실을 탐구하는 사람을 만날 수 있다는 것은 매우 고무적이다. 와이스먼은 분명히 제퍼슨 데이비스가 최초 취임연설에서 그가 단순히 노예제도라는 단어에 대해서만 언급하는 데 그치지 않고, "우리의 정책은 평화이며 또한 우리에게 필요한 만큼 최대한 자유로운 무역입니다"라고 선언하는 내용에 매우 친근감을 느낀 것으로 보인다. 그는 데이비스

남부 대통령을 결코 마귀로 보지 않고 멕시코 전쟁의 영웅이자 전임 국방장관에다가 전임 미연방 상원의원으로 묘사하고 있다. 그는 또한 데이비스 남부 대통령을 "남북전쟁이 그 핵심에 있어서는 결코 노예제도를 보전하기 위한 싸움이 아니라 북부에 본부를 둔 착취적 경제체제를 뒤집어엎으려는 투쟁으로 보는 견해의 강력한 추진자"로 묘사하고 있다. 더욱이 "남부는 이 나라의 서자에 불과하다고 생각한 데이비스의 견해를 뒷받침할 상당한 증거가 있는데," 왜냐하면 "남부는 그 필요로 하는 의복과 기타 생산품들을 외부로부터 그 소요량의 3분의 2나 수입해야 하며, 남부 사람들은 이들 품목에 대해 높은 관세율로 인해 인위적으로 높게 책정된 가격을 지불해야 하며… 남부는 심지어 식량을 수입하기도 해야" 했기 때문이라는 것이다. 한마디로 와이스먼은 이 책에서 저자가 1861~1865년간의 전쟁을 야기한 경제적 원인들에 대해 도달한 것과 똑같은 결론에 이른다. 우리 두 사람이 "전문적 역사가"도 아니고 전형적인 기성체제상의 "링컨 학자"도 아니라는 점은 결코 우연의 일치가 아니다.

"체제 밖"의 저자로서 와이스먼처럼 예외적인 역사적 안목과 진리에 대한 갈증을 공유한 사람은 『싸우면서 태어나다: 미국에서 북아일랜드인의 역사 Born Fighting: A History of the Scots-Irish in America』를 저술한 제임스 웨브 James Webb이다. 웨브는 전임 미해군장관, 국방차관보, 영화제작자, 최고무공훈장을 받은 월남전 참전자, 에미상 수상 언론인, 그리고 여러 편의 인기 있는 소설의 저자이다.

웨브는 "그의 동포"인 미국 내의 북아일랜드 사람들에게 초점을 맞추고 있다. 이 사람들은 항상 급진적 개인주의자들이었다. "이 사람들에게는 어떤 집단에 가담하여 그 집단의 전체적 결단에 자신을 맡기는 일은 마치 정부에게 자기들의 총을 반납하는 일처럼 상상조차 할 수도 없는 일"이었다. 미국의 초창기에 그들은 뉴잉글랜드 지방에 자리 잡은 영국출신 이민자들, 즉 청교도로서 나중에 "양키"가 되는 사람들과는 공통된 점이 거의 없었다. 참으로, 미국으로 온 북아일랜드 출신들은 영국에서 여러 세기에 걸쳐 폭정에 시달리던 사람들의 후예가 대부분이었다. 그들은 "남부에서 주류 문화"를 형성하고 남부 연맹군의 상당 부분을 구성했으며, 전형적으로 소작농이거나 소규모 상인들로서 "소유한 노예도 없으며 사실상으로는 노예제도의 시행으로 오히려 경제적 불이익을 감수해야 했던 사람들"이었다.

링컨과 그가 벌인 남북전쟁이라는 주제에 대해 웨브는 왜 "자기의 동포들"이 그렇게 나서서 싸웠는지에 대해 의문을 제기한다. 그는 역사가 윌버 캐시Wilber Cash를 인용해 남부 연맹군은 "이탈리아의 문예부흥 이래 이 세계가 목격한 가장 지독한 개인주의"를 만들어낸 문화에서 유래했다고 지적했다. 이들은 훨씬 고분고분한 성향의 적군 양키 병사들처럼 상관에게 잘하고 복종하는 기질이 결코 아니었다는 것이다.

웨브는 "그들이 기약 없는 승산에 목숨을 걸어 현대의 군에서 볼 수 없는 70%가 넘는 사상률을 내면서도 지키려고 한 것이 단지 자기들 중 5%만이 보유하고 있는 노예에 불과했다고

> 전임 미해군장관 제임스 웨브는 링컨 숭배주의의 비논리성을 폭로하는 매우 중요한 책을 썼다.

는 볼 수 없다...거기에는 자기 보호의 본능에 호소하는 어떤 더 깊은 동기가 있었을 것"이라고 말한다.

웨브는 평균적인 남부 연맹군 병사에 관해 특별히 주목할 만한 사실을 밝히고 있다. 그는 델라웨어, 메릴랜드, 미주리와 켄터키 주에서는 전쟁이 발발하던 당시 노예소유주들에게 노예의 계속 보유를 허용했음을 알게 되었다. 링컨 정부의 정책은 노예소유주라도 연방에 충성하는 한 노예를 계속 보

유할 수 있도록 하는 것이었다. 섬터 요새가 포격을 당했을 때 연방을 이탈한 남부보다도 북부에 노예 소유를 허용하는 주가 실제로 더 많이 있었다. 결과적으로 남북전쟁은 사실상 중요한 매 전투마다 노예를 소유하지 않는 남부 연맹군 병사들이 노예를 포기하지 않아도 된다고 허용받은 연방군 병사들을 상대로 싸웠다는 이야기가 된다. 이런 사실은 남부 연맹군 병사들에게 이 전쟁의 진정한 목적이 무엇이며 링컨 정권은 도대체 무엇인가 하는 데 대해 엄청난 회의를 던져준 것이었다.

웨브는 남부 연맹군 병사들이 노예해방선언은 연방군의 관할 하에 들어간 남부의 모든 지역과 "또 북부 전체에 걸쳐서 소재하는 모든 노예들에 대해서는 이를 예외"로 함을 잘 알고 있었다고 지적한다. 남부 사람들은 연방이라는 것이 원래 각 주의 자발적 동의에 의해 성립된 것으로서 헌법은 자기들 편이라고 믿고 있었다. "수정헌법 제10조는 연방정부에게 특별히 허용된 것 이외에는 모든 권리를 주에게 유보했으며, 그리하여 각 주는 연방과의 관계를 해소시킬 권리를 스스로에게 유보해두었다고 하는 것이 남부인들의 견해"라는 것이다.

그런데 남부 연맹군 병사들은 도대체 왜 싸웠을까 하는 것이 웨브의 질문이다. 그들은 "도발을 당했고, 위협을 당했고, 그리고 마침내 침략을 당했기 때문"에 싸울 수밖에 없었다는 것이다. 그리하여 그 지도자들은 병사들에게 "이 전쟁은 혁명전쟁Revolutionary War*이나 마찬가지로 각 주의 독립을 위한 전쟁이라는 확신을 심어주었다"는 것이었다. 그리하여 북아일랜드 출신 사나이들 한 사람 한 사람마다 "외부로부터의 공격에 저항하겠다는 결의가 가슴 속에 깊이 새겨지게 되었다"는 것이 웨브의 말이다. 이것이 바로 그들이 싸

* 미국 독립전쟁을 가리킨다.

워야만 했던 이유였다. 링컨 숭배주의의 "공식 노선"에 대해 효과적으로 의문을 제기해보기 위해서는 또 한 사람의 제도권 밖의 인사의 말을 들어볼 필요가 있다.

웨브와 와이스먼에 이어 버지니아 대학의 저명한 역사가인 마이클 홀트 교수가 자신의 저서인 『그들 나라의 운명The Fate of Their Country』에서 링컨 숭배주의를 비판하고 나섰다. 와이스먼이나 웨브와는 달리 홀트는 학자지만 결코 학자라면 당연할 듯

> 버지니아 대학교의 석좌교수인 역사학자 마이클 홀트는 이른바 "링컨 학자"들 모두를 합한 것보다도 더 의미 있는 말을 하고 있다. 당연히 그는 그런 부류의 사람으로 분류되지 않는다.

한 링컨 숭배자는 아니다. 그는 『미국 휘그당의 흥망The Rise and Fall of the American Whig Party』과 『1850년대의 정치위기The Political Crisis of the 1850s』라는 두 권의 기념비적 책을 저술함으로써 아마도 남북전쟁 이전 시대의 정치에 관한 한 미국 역사가들 중에서 최고의 경지에 이른 사람이라고 볼 수 있다. 그는 또한 『남북전쟁과 재건The Civil War and Reconstruction』이라는 교재의 공동집필자이기도 하다.

『그들 나라의 운명』에서 홀트 교수는 "무엇이 남북전쟁을 야기했는가"라는 질문을 제기하고, 이에 대해 그것은 노예제도에 대한 북부의 도덕적 반감 때문이 아니라 "정치" 때문이었다고 결론을 내린다. 그는 1861년에도 노예제도는 헌법상 안전한 보호를 받고 있었음을 정확하게 지적하고 있다. 즉, 링컨이나 그의 공화당은 그때까지도 남부의 노예제도를 공식적으로 반대하지 않았다는 것이다. 더욱이 링컨은 연방정부가 남부의 노예제도에 간섭하는 것을 금지하기 위한 헌법수정 움직임에도 지지를 보냈다는 것이다. 또 1860년의 노예제도에 관한 논쟁은 이 책의 도처에서 지적되듯이 영토의

확장*을 둘러싸고 전개되었다는 것이다.

홀트 교수는 북부나 (링컨이) 노예제도를 신규취득 영토에 확대 적용하는 것을 반대했다. 북부가 정치적으로나 경제적으로 남부를 지배하려는 계획에 대한 장애물이 될까 봐 우려했기 때문이다. 그는 이 책과 이 책의 전신인 『링컨의 진짜 모습』에서 취하고 있는 견해에 동조하고 있다.

링컨이 노예제도에 관해 반대하는 이유로 내세운 유일한 도덕적 논거는 새로 취득하는 영토에 노예제도가 확산되지 못하도록 해야 그것의 궁극적 소멸을 기대할 수 있다는 것이었다. 그러면 도대체 그것이 어떻게, 그리고 왜 가능한지에 대해서는 정확한 이유가 제시된 바 없으며, 그런 이론이 있다 해도 설득력이 있을 수 없다. 노예제도는 신규취득 영토로의 확산 없이도 이미 톡톡히 득이 되고 있었는데다가 노예제도가 신규취득 영토의 대부분에서 경제성이 있었으리라고 믿는 것도 또한 매우 불합리한 일이다. 홀트 교수가 결론지었듯이 "현대의 경제사가들은 이런 가정이 그릇된 것임을 입증"한 것이다.

> 링컨과 공화당이 신규취득 영토로의 노예제도의 확산을 반대한 것은 순전히 경제적, 정치적 이유에서였다.

홀트 교수에 의하면 북부인들이 노예제도의 확산에 반대한 것은 그들이 해방노예들과 일자리를 놓고 경쟁하기를 원치 않았기 때문이라는 것이다. 결국 북부인들에게 동기를 부여한 것은 경제적 이유였지 결코 인간적 연민에 근거한 것은 아니었다는 것이다. 덧붙여서 "북부 백인들 중 상당수가 신규개척지에서 노예제도를 허용치 않으

---

* 그 당시만 해도 미국은 서쪽으로 진출하는 중이었다. 그리하여 "새로 취득한 영토territories"를 "준주準州"라고 번역하기도 한다.

려 한 것은 흑인을 쫓아내려는 데 목적이 있었다. 북부는 원래 인종주의가 팽배한 사회로서 흑인들은 자유인이 되고서도 여전히 사회적, 경제적, 그리고 정치적 차별을 당하고 있었다...이 완고한 사람들은 아프리카 출신 흑인 노예들을 개척지인 서부에서도 몰아내려 했던 것이다."

그렇지만 북부가 이런 노예제도의 확산에 반대한 또 하나의 이유는 민주당의 의회 진출을 저지하기 위해서였다. 노예들은 결국 신규취득 영토의 인구를 증가시킴으로써 나중에 이 영토들이 주state로 승격될 경우 연방의회에 그만큼 더 많은 의원을 보낼 염려가 있기 때문이었다. 이렇게 노예제 확산에 대해 공화당이 반대한 것은 순전히 정치적이자 경제적인 이유였다고 홀트는 결론짓는다.

그런데 공화당원들은 어찌하여 남부의 민주당이 세력을 얻지 못하도록 어떤 대가를 치르고서라도, 심지어 피 흘리는 전쟁을 치르고서라도 그 진출을 저지할 필요성을 느꼈을까? 홀트 교수는 이 질문에 대한 해답으로서 오하이오 주의회 의원인 조슈아 기딩스Joshua R. Giddings의 발언을 인용하고 있다. "남부에게 정치권력에서의 우세를 허용하면 그 자체로서 우리의 관세제도, 우리의 사회기반시설사업, 우리의 국유토지 양도대가의 배분 등에서 항복을 의미한다...이것이야말로 자유인민들이 받을 수 있는 가장 용납할 수 없는 모욕이 된다."

홀트는 남부의 정치인들은 북부의 정치인들이나 마찬가지로 전쟁에 대해 똑같은 책임을 져야 한다고 주장한다. 그가 그 책의 겉표지 안쪽에서 말하듯이 "(모든 정당의) 근시안적인 정치인들이...노예제도의 서부 확장 여부를 놓고 벌어진 논쟁에서 감정에 치우치고 대체로 현실과 동떨어진(즉 "광적으로 환상적이며 또한 현실적인")문제를 악용해 자기 당의 후보들이 더 당선되도록 하고 정치적 승리를 달성하기 위해 지체하지 않고 이 나라를 연방 해체의 길로 끌고 갔다"는 것이다.

그러나 만약 남북전쟁의 뿌리가 돈과 정치권력의 추구에 있었다면 남부를 북부만큼 책임 있다고 꾸짖을 수는 없을 것이라고 홀트는 주장한다. 남부를 착취하기 위해 주의 권력을 활용하려고 시도했던 것은 다름 아닌 북부였기 때문이다. 남부는 이에 대해 수동적으로 대응했을 뿐이다. 북부는 정치적으로 강도였고 남부는 그 피해자였으며, 거기서 노예들은 정치적 담보물로서 사악한 목적에 활용되었을 뿐이다.

링컨에 관한 공식적 견해에 반대하는 네 번째 저자는 기업에 관한 역사가인 존 스틸 고든John Steele Gordon이다. 와이스먼, 홀트, 그리고 웨브나 마찬가지로 그는 이미 저명한 연구자이자 저자이지만 링컨 숭배자 그룹에는 속하지 않는다. 결론적으로 그는 자기의 전문 분야에서 받을 수도 있는 불이익에 대한 두려움 없이 자기 생각을 자유롭게 말할 수 있는 사람이다. 그의 『해밀턴의 축복Hamilton's Blessing』은 미국의 국가채무의 역사에 관한 것인데, 이 책에서 고든은 관세가 남북전쟁을 촉진한 역할에 대해 다음과 같이 쓰고 있다.

직접적 충돌, 그리고 더 나아가서는 내란도 가능했지만, 그것이 회피될 수 있었던 것은 오로지 (1833년에) 점진적으로 낮은 세율을 적용하는 새로운 관세제도가 채택됨으로써 (가증스러운abominable 관세*의) 위기가 지나간 후 관세는 1861년에 남북전쟁이 터질 때까지는 점차적으로 계속 내려갔다. 그러나 연방정부가 평소 필요로 하는 세수를 채우는 데 필요한 것보다 훨씬 더 높은 세율이 여전히 유지되었으며, 그리하여 그 당시 연방세와 거의 동일시되는 이 관세야말로 남북전쟁의 주된 이유였다.

---

* 1828년 연방의회를 통과한 관세법은 수입품에 62%의 관세를 매김으로써 미국 평화 시의 역사상 유례가 없는 가혹한 관세의 기록을 세웠는데 이로써 경제적인 핍박을 받게 된 남부인들은 이를 "가증스러운" 관세라고 부르게 되었다.

고든은 링컨 숭배주의자들과는 달리, 링컨이 이끌던 1860년의 공화당은 부와 권력의 획득에 관심이 있었고, 순수하게 자선적이거나 인간적 단체는 아니었음을 확인하고 있다. 물론 그런 권력을 획득하는 데에는 보호무역주의적 관세가 가장 핵심 관건이 되는 것이었다.

전에 『하퍼스』, 『더 뉴요커』, 및 『뉴 리퍼블릭』 지에서 편집인을 지낸 "진보적" 작가 마이클 린드Michael Lind 역시 링컨 숭배자들이 통상적으로 무시하거나 비켜간 링컨과 남북전쟁에 관한 진실을 밝히려고 노력한 작가들 중 한 사람이다. 린드는 특별히 링컨 학자로 알려져 있지는 않으나, 2005년 그는 『링컨이 믿은 것: 미국에서 가장 위대한 대통령의 가치와 확신What Lincoln believed: The Values and Conviction of America's Greatest President』을 출간했다. 린드의 책은 링컨에 대해 아첨이 없는 담담한 논조로 진실을 얘기하고 있지만, 거기에 충분한 변명과 합리성과 정당성을 붙여줌으로써 링컨의 수문장들에게서도 환영받음에 분명하다. 더욱이 린드는 책의 마지막 부분에서 링컨을 "미국의 가장 위대한 대통령"이라고 결론짓고 있기조차 하다.

린드는 링컨 우상화가 정치적 좌파와 우파 양방 모두에서 필요할 때마다 수시로 활용되어왔음을 인정한다. 그는 "진보좌파는 급진좌파에 못지않게 자기들의 정치적 목표를 추진하기 위해 필요할 경우에는 링컨을 들먹거리는 것을 주저하지 않았다"고 쓰고 있다. 이 주제에 관한 다른 대부분의 저자들과는 달리, 린드는 링컨이 국가의 경제 간섭에 관한 한 "해밀턴의 전통Hamiltonian tradition*"에 충실했음을 강조하고 있다. 그는 링컨이 "잘 교육받은 경제엘리트들"의 정당인 휘그당에 오랫동안 소속되어 있었음을 지적하면서

---

* 미국 건국과 헌법의 아버지인 알렉산더 해밀턴(1755~1804)은 주보다 연방을 우선시키고, 산업화, 도시화, 국립은행제도, 관세제도, 사회기반시설의 확충, 상비군제도, 영국과의 교역 확대 등을 주장함으로써 후에 휘그당, 공화당 등의 강령 채택에 큰 영향을 끼쳤다.

링컨은 가난한 산골의 통나무꾼이 아니라 실제로 "부유한 철도변호사"로서 그의 "고객은 거대한 회사, 백만장자, 부동산투기꾼, 그리고 기업의 임원들"이었음을 강조한다. 헨리 클레이가 표방한 기업국가 내지 상업주의의 체계는 보호무역주의, 중앙은행, 그리고 후원기업에 대한 특혜 등을 포함하고 있었는데 클레이의 충실한 사도인 "에이브러햄 링컨"이 "그 전 체계를 자기의 것으로 받아들임으로써" 그것이 미국에서 마침내 "제대로 자리 잡게" 되었다는 것이다.

린드는 링컨의 정치 생애를 지배한 것이 경제적인 문제이지 결코 인간적 문제에 있지 않았음을 부정하지 않는다. 또 해밀턴식의 상업주의에 관한 반대가 주로 남부에 자리 잡고 있었음을 부정하지도 않는다. "의회와 백악관 내에 자리잡은 남부 출신들의 반대가 없었더라면 링컨의 통치기간 중에 의회가 통과시킨 국립은행, 고율관세제도, 그리고 대규모 철도건설에 대한 국고보조 등의 입법안은 진작 연방주의자들federalists*이나 휘그당에 의해 그보다 수십 년 전에 입법"되었으리라는 것이 린드의 견해다.

린드는 또한 "링컨의 인종주의를 솔직하게 인정하기를 거부한" 미국 역사가들을 비난한다. 그는 링컨이 그의 정치연설에서 성경을 빈번히 인용하고 있지만 결코 기독교인이 아니었다는 진실을 간과하지 않고, "기독교 신앙심의 결여에도 불구하고 링컨의 연설은 킹 제임스 판 성경역주**에 나타나는 문구와 이미지들로 가득 채워져 있다"고 인정하고 있다.

같은 책은 또한 링컨이 철학적으로는 제퍼슨파***에 속했다는 불합리한

---

* 여기서의 "Federalists"는 주보다 연방을 더 우선시하는 사람들을 뜻한다.
** 잉글랜드의 제임스 1세의 재가에 따라 1604년부터 번역 사업이 개시되어 1611년 출간된 정통의 영어 성경.
*** 제퍼슨은 미국 시민의 기본적 인권과 주의 자치권을 연방보다 앞세우는 사람이었다.

견해를 일축한다. 린드는 오랫동안 링컨의 법률사무소 동업자였던 윌리엄 헌든이 "링컨은 토머스 제퍼슨을 인간으로서도, 또 정치인으로서도 증오했다"고 말한 것을 인용하고 있다. 그러나 링컨은 자기의 정치적 목적을 달성하기 위해서 소용이 된다면 성경을 인용하는 데 주저함이 없었듯이, 자기의 정치적 목적을 달성하는 데 도움이 된다면 제퍼슨을 인용하는 데도 결코 주저함이 없었다. 예컨대 그가 독립선언문에서 "모든 사람은 평등하게 창조되었다"는 문구를 인용했다면 그것은 단지 경계주와 서부에서 아직도 제퍼슨을 존경하는 제퍼슨파 민주당원들로부터 표를 얻어내기 위해서였다.

린드는 또한 링컨이 "식민"의 꿈을 꾸면서 미국을 순수한 백인의 사회로 만들고자 기도했음도 인정하면서 그것을 억지로 감추려 하지 않는다. "링컨이 연방정치계에 혜성처럼 떠오른 것은" 그가 "서부를 순수백인의 사회로 만들고자 추구하는 자유대지운동Free-Soilers*의 지도자"라는 사실에 힘입은 바 컸으며 "링컨에게는 신규취득 영토에 노예제도의 확산을 금지하는 목적은 대부분의 백인 자유대지운동가들처럼 이 영토들을 순수히 백인들만이 지배하는 서부로서 온전히 보전"하는 데 있었다. 링컨과 같은 자유대지운동가들은 "해방된 흑인들이 북부와 서부에 들어오지 못하도록 하는 법률"안을 지지했다는 것이다.

결국 전문적 역사가이거나 무조건적인 "링컨 학자"만 아니라면 누구라도 링컨에 관한 신화보다는 진실을 말할 수 있는 것이다.

링컨 숭배자들에 대해 도전한 제도권 밖의 책들 중 또 하나는 『링컨의 분노: 격렬한 폭도들, 영리한 악당들, 언론을 파괴하려는 대통령의 임무Lincoln's Wrath: Fierce Mobs, Brilliant Scoundrels and a President's Mission to destroy the Press』로서 언론

---

* 신규취득 영토에 노예제도를 확산하는 데 반대하는 운동.

인인 제프리 맨버Jeffery Manber와 역사가인 닐 달스트롬Neil Dahlstrom이 출간했다. 이 책은 링컨 치하의 북부 여러 주에서 벌어졌던 언론자유에 대한 가혹한 탄압에 초점을 맞추고 있다. 그 책의 내지에 씌어 있듯이 링컨의 분노는 남북전쟁 중 간과되었던 일들에 대한 믿을 수 없는 이야기들을 이야기하고 있는데, 그것은 행정부가 전쟁에 반대하는 목소리를 내는 북부의 신문에 대해 압력을 가하고 물리적으로 이를 폐쇄하는 강력한 조치를 실시했다는 점이다. 그 결과는 언론의 완전한 붕괴였다. 참으로 그런 사실들이 "간과"된 것이었다.

"대부분의 사람들이 이미 시대에 걸맞지 않다고 여기는 헌법의 색 바랜 원칙에 집착"하면서 링컨 정권에 반대한 북부의 신문들은 링컨 행정부에 의해 수백 군데가 폐쇄되었는데, 대통령은 그것을 모두 다 알고 있었다. 링컨이 "전쟁에 반대한 죄"가 있다고 여긴 신문은 모조리 폐쇄되었고, 많은 경우에 그 인쇄시설조차도 파괴되었다. 그것만이 아니라 반대 입장에 섰던 신문의 편집인과 발행인들은 걸핏하면 적법절차 없이 군사감옥에 갇혔다. 이런 링컨의 행위들은 자유언론의 유일한 후원자인 제퍼슨이었다면, 또 한 번 혁명전쟁이 아니면 연방으로부터의 이탈전쟁을 하자고 미국인들을 고취할 충분한 사유가 되었을 것이다.

링컨 숭배주의에 대한 도전

와이스먼, 홀트, 웨브, 고든, 린드, 그리고 맨버와 달스트롬은 링컨과 그의 전쟁에 관한 신화와 환상에 반대하여 진실을 기록했다. 그들 중 아무도 링컨 숭배자 집단에 속하는 충실한 멤버가 아님은 눈여겨볼 만하다. 그러므로 그들은 링컨 숭배주의 노선을 지지하라는 압력도, 협박도, 회유도 받을 위치에 있지 않다. 그것은 전문적 경제학자인 이 책의 필자에게도, 그리고 또한 세무전문변호사이자 역사가인 찰스 애덤스Charles Adams에 대해도 마찬가지이다. 그것은 또한 『인간 링컨Lincoln the Man』이라는 링컨에 대해 가장 비판적 입장에서 평가한 책을 쓴 클래런스 대로Clarence Darrow의 동업변호사인 에드거 리 매스터스Edgar Lee Masters(이 사람은 일리노이 주에서 태어났다)에 대해서도 마찬가지이다.

본질적으로 볼 때, 여러 세대를 두고 링컨 학자들은 링컨이라는 인간만을 신격화한 것이 아니라, 대통령직 자체, 그리고 마침내는 미국이라는 나라를 신격화하려는 음모를 꾸며온 "궁정역사가"들이었다고 볼 수 있다. 링컨 숭배자들로부터 공인받는 그들은 예외 없이 거대정부를 지지하는 자들이다. 그중에서 진보적 계열에 속하는 링컨 숭배자들은 자기들이 선호하는 민권법에서부터 정부권력에 대한 헌법적 제약의 제거 등에 이르기까지 자기들이 선호하는 목표를 달성하기 위해 제16대 대통령의 성스러운 이미지를 자주 들먹거린다. 또 보수 계열의 링컨 숭배자들은 제국주의적 정책이라는 그들이 가장 선호하는 목표를 달성하기 위해 링컨의 가차 없는 독재군국주의와 시민적 자유에 대한 제약을 원용하려 한다. 달리 말하자면 링컨 숭배자들이 조작해낸 미국 역사의 잘못된 이미지를 열심히 지키려 하는 이유는 바로 정치에 있다.

> 링컨 숭배주의는 미국인들에게 왜곡된 역사를 주입해 오도하는 데 주력하고 있다.

링컨의 신격화는 건국의 아버지들—특히 제퍼슨주의자들—이 꿈꾸던 것을 훨씬 넘어서서 미국이라는 나라의 크기와 시야를 확장하겠다는 야망을 그다지 감추려 하지도 않은 채 행한 음모의 일환이다. 남북전쟁은 제퍼슨이 가졌던 주권州權이라는 이상과 자발적 연방 참여에 대한 쿠데타였다고 볼 수 있다. 제퍼슨이 꿈꾸던 연방—원래 자유롭고, 독립적이며, 주권主權을 가진 주의 시민들이 연방헌법을 비준함으로써 만들어진—은 1865년에 파괴되었다. 그 자리에 강요된 연방이 들어서서 특히 남부의 주들은 주권主權을 가진 국가가 아니라 단순한 속주가 되어버렸다. 얼마 되지 않아 이것은 모든 주들의 현실이 되었다.

미국 시민들은 주와 지방의 차원에서 조직된 정치적 공동사회의 구성원으로서 자신의 연방정부에 대해 주권자가 되어야 했다. 그러나 1865년 주의 권리에 사망선고가 내려짐으로써 미국에서는 시민의 주권主權 또한 죽음에 이르게 된 것이다.

링컨 숭배주의는 미국 역사에 관해 거짓과 기만을 조작함으로써 미국 사람들의 가슴속에서 이런 어두운 생각을 몰아내려고 필사적으로 노력하고 있다. 여러 세대에 걸쳐 미국 사람들은 거짓말과 환상으로 가득 찬 뉴잉글랜드판 역사가 이 나라의 역사인 양 교육받아오고 있다. 지난 세대의 학자들이 연방헌법의 핵심적 명제라고 인정한 연방주의의 이념은 미국 역사책에서 대부분 사라져버렸다. 아직 사라지지 않았더라도 연방주의는 "주의 권리"에 집착하는 악마적 개념으로 비하되며 노예제도와 인종주의에 다름 아닌 양 오도되고 있다.

이는 물론 거짓이다. 그럼에도 링컨 숭배주의는 연방헌법의 가장 근본적인 이념에 대해 미국의 대중을 오도하는 데 성공했다. 그들이야말로 제약되고 합헌적이고 분권적인 정부라는 미국의 이상과, 그런 체제가 보호하고자 의도한 개인의 자유에 대한 반역자들이다.

링컨 신화는 미국이라는 나라를 자만심으로 헛배만 잔뜩 부풀리는 이념적 모퉁잇돌이 되어버렸다. 이러한 사이비 신화에 도전해서 무너뜨려야만 비로소 신화 원래의 고유한 역할로 되돌려 보낼 수 있을 것이다.

부정직한 링컨의 진짜 얼굴
가면을 벗긴 링컨

초판 2쇄 발행 | 2013년 6월 17일

지 은 이 | 토머스 J. 디로렌조
옮 긴 이 | 임동진
발 행 인 | 고화숙
발 행 처 | 도서출판 소화
등 록 | 제13-412호
주 소 | 서울시 영등포구 영등포동 7가 94-97
전 화 | 02-2677-5890
팩 스 | 02-2636-6393
홈페이지 | www.sowha.com

ISBN 978-89-8410-341-2 03300

값 10,000원

잘못된 책은 언제나 바꾸어 드립니다.